家族法の道案内

川村隆子 著

法律文化社

はしがき

　家族法は，理解しやすい法律である。

　たとえば，多くの人にとって「難解」といえる国際的な取引や税金に関連する法律などとは異なり，家族法は，「自分」や「家族」に関係する内容が主要な部分となるので，法律が伝えたい物事をイメージしやすい「やさしい法律」である。

　また，身近な問題を取り上げる家族法は，「試験のために覚える法律」というよりも，これからの人生において「覚えておいて損はない法律」といえる。現在は，親子の絆やつながりが薄れがちであるといわれるが，夫婦や親子の関係といった身近な問題に目を向け，改めて家族について考える時間を持つことは，決して無駄にはならず，有益な時間となるはずである。だから，「法律」を学ぶというよりも，一つの「教養」として，家族法を身につけてほしい。

　繰り返しになるが，家族法は，理解しやすい法律である。

　簡単なことを難しく説明したり，難しいことを難しく説明すれば，結果として法律は難しいということになる。本書の狙いと願いは，「法律」の語句がもたらす独特な「拒絶反応」をできる限り少なくしてもらい，興味をもって法律の本を読む，という大きな一歩を踏み出してもらうことにある。

　そのため，ページ数はできるだけ少なくする反面，「つまり」や「たとえば」を多用して理解してほしい内容を繰り返し説明するという，矛盾したテキスト作りに挑戦している。そのため，かなり厳選した内容になっている。

　よって，説明不足や物足りなさを感じるところなど，多々，存在すると思う。お手数にならない範囲で，お読みいただいた方の感想や批判をいただければ，著者にとって最高の幸せである。

　本書の読み方を若干説明すると，必要に応じて「補足」や「コメント」「例示」を挿入してある。「補足」は基本的に語句の意味や内容などを説明しているので，是非，目を通してほしい。「コメント」は本文には載せなかったが，

内容の理解に役立つと思われるので，難しい部分もあるが，できれば読んでほしい。そして「例示」は実際に裁判で争われた内容を簡単に示しているので，どのような問題がどのように解決されるかをみてほしい。

また，各章の終わりに，ちょっと考える話題を提供する「ちょっと考えてみよう」と「じっくり考えてみよう」とを用意した。

まず，「ちょっと考えてみよう」では，話題に対して自分ならどう考えるかを考えてほしい。「裁判所がいっているから」とか「先生が授業でいっていたから」といった，テストの解答用紙に書くような一般的な答えはあるが，いろいろな考え方，自分なりの答えがあってもいいはずである。

たしかに，「答え」が明確に示されないのは不安になるかもしれないが，ちょっと考えて，楽しんでほしい。そして，ちょっと時間を取って，自分の考えを友人や家族に披露して，話し合ってみるのも良いと思う。必ず，プラスになるはずなので，気楽に挑戦してみてほしい。（ただし，自分の考えを他人に押し付けるのは良くないので注意してほしい。また，自分の考えを「最高だ」と思っても各種試験の解答としては通用しない場合があるので重ねて注意してほしい。）

次に，「じっくり考えてみよう」では，ちょっと「ややこしい話」を取り上げる。それぞれの経験や人生観で，物事に対する考え方は異なると思うので，じっくりと考えてみてほしい。

なお，本書は，判例の動向や法改正を反映させるために拙稿『身近な家族法』（法律文化社，平成22（2010）年）に加筆・訂正を加えたものである。

本書の校正段階で「民法等の一部を改正する法律案（相続法改正法案）」が国会で可決成立した（2018年7月6日）。同改正案は，公布の日から起算して，1年を超えない範囲内において政令で定める日から施行されることになる。本書では，重要な改正ポイントを本文の関連箇所にて括弧書き（〔　〕）で簡単に解説している。家族法の相続関係を中心に大きな変更点があるので，関心を持って読んでほしい。

最後になったが，本書の作成を了承し，出版するという大冒険を成し遂げて下さった，法律文化社，ならびに担当していただいた上にいろいろとアドバイ

はしがき

スを下さった舟木和久さんには，本当に感謝の言葉も見つからないほど感謝している。この場を借りて御礼申し上げたい。

　平成30（2018）年7月

川村　隆子

目　次

はしがき

第1章　身近な家族法 ……………………………………… 1
1　家族法を楽しく理解してもらうために　1
2　家族法の位置づけ　5
3　第二次世界大戦前後の家族法　6
4　「身分」という言葉　9

第2章　法律的な家族の関係：氏・戸籍 ……………… 12
1　家族法の取り扱う家族構成　12
2　「戸籍を持って来て下さい」　17
3　氏名の示すもの　19
4　身内のケンカですまない場合　21

第3章　夫婦になるには：婚姻 ………………………… 24
1　結婚します　24
2　婚姻の必要条件　26
3　婚姻の無効と取消し　32

第4章　夫婦になったら：婚姻の効果 ………………… 38
1　夫婦になったことによる効果　38
2　婚姻による身分上の効果　38
3　婚姻による財産上の効果──夫婦財産制　45

第5章　婚約指輪のゆくえ：内縁でもいいですか ……… 50
1　法律上の婚姻を取り巻く関係　50

iv

目　次

　2　婚　　　約　50
　3　内　　　縁　54

第6章　別れのとき：離婚 ……………………………………… 62

　1　別れの歴史　62
　2　離婚の方法——話し合い　63
　3　調停離婚・審判離婚　67
　4　裁判離婚　68

第7章　別れのあと：離婚の効果 ………………………… 75

　1　別れのあとに　75
　2　離婚による身分上の効果　76
　3　離婚による財産上の効果　77
　4　子に関する効果　81

第8章　親と私　私と子：親子 ………………………… 88

　1　親　と　子　88
　2　嫡出子とは　89
　3　非嫡出子とは　94

第9章　血よりも濃い絆：養子 ………………………… 101

　1　養子制度　101
　2　普通養子縁組とは　102
　3　普通養子縁組の解消　107
　4　特別養子縁組とは　110

第10章　子どもを育てる責任：親権・後見 ……………… 116

　1　親と子にある権利義務　116
　2　親　権——親の義務と責任　116
　3　後　見——父母に代わる存在　124

v

第11章　一人ではない：扶養・生殖技術 ······ 130

1　人として生まれ生活すること　130

2　扶養の必要性　131

3　新しい親子の関係——生殖補助医療と親子　135

第12章　避けては通れない相続 ······ 142

1　相続の開始　142

2　相続人——誰が相続するのか　144

3　相続欠格と廃除　148

4　相続分——誰がどれだけ相続するのか　150

第13章　借金も財産ですか：財産と承認方法 ······ 157

1　相続財産の内容——何を相続するのか　157

2　相続財産を分ける——分割　161

3　相続の承認と放棄　164

4　相続回復請求権とは　169

第14章　遺言を考える：遺言と遺贈 ······ 172

1　最終の意思決定　172

2　遺言の種類　174

3　遺言の執行と効力　180

4　遺贈とは何か　182

第15章　残された者たちへ：遺留分 ······ 186

1　遺　留　分　186

2　遺留分減殺請求権とは　190

第1章　身近な家族法

1　家族法を楽しく理解してもらうために

(1)　家族法の存在理由
①　日々の生活と法律

　家族法は，私たちの日常生活に密接に関係する問題を取り扱う法律である。たとえば，結婚や離婚，財産の相続など，現実に体験をしていれば分かりやすいが，たとえ現実に体験していなくても，このような人間関係をテーマとした小説やドラマなどを思い起こすことができれば，頭の中にイメージしやすいだろう。そこに登場する人々の結婚や親子の関係といった人間関係をどのように「法律的」に取り扱うかを示しているのが「家族法」である。

　とはいっても，日々の暮らしの中で，人と人との関係が，法律によって縛りつけられていると感じることはほとんどない。どちらかといえば，日常生活は流されるがままに進んでいくものである。結婚といった大イベントを除いて，大部分の日常生活は，朝起きて夜眠るまで目まぐるしく過ぎ去っていくものであり，法律に基づいて生活しているなどという意識はないのが普通といえる。だから通常は，日常生活を送っていく中で，知らず知らずの間に法律に反しない生活をしている，といえるのかもしれない。

②　「自分」を中心に

　さて，人と人との関係をみていく家族法を学ぶ場合，「自分」を中心として親や結婚相手，そして，生まれてくる子どもなどとの関係を考えることが基本となる。「自分」を取り巻く人々のイメージを常に頭の中に描きながら読み進めていくことが理解を手助けする。

　人は，この世に生まれたからには父親と母親が存在し，共に生活する時間の流れの中で，日々，成長していく。もちろん，生まれてすぐに，さまざまな理

由で父母がそばにいない場合もあるだろうが，いずれにしても時間は進み，学校や社会の中で，いろいろなことを吸収していく。そして，愛する人に出会い，共に歩むことを選択することもあれば，別れを選択することもある。幸運にも子どもを授かれば，今度は自分が親となり，自分が歩んできた道を，自分の子どもが不安を抱えて歩んでいく姿を見守りながら全力で支えていく。そして，命あるものの宿命として，やがて死を迎える（わずかに残した財産をめぐる，子どもたちの争いが起こらないことを祈りながら）。

　このように人の一生をわずかな行数でまとめてしまうと寂しい気持ちになるが，人生の各場面と登場人物のイメージは頭に浮かぶだろうか。どのような人生であっても，止まることのない時間の流れの中で，人は成長し，老いていく。それぞれがそれぞれの進む道を選択しながら，それぞれの最良の人生を歩んでいくのである。

　その人生の選択は，基本的には一人ひとりが自由に選択し，誰の命令に従う理由もないし，他人のいうとおりにする必要もない。もちろん，自分を心配してくれる人々の助言や苦言に耳を傾けることは必要であるが，最終的には自分の自由な選択により，自分の人生を進んでいくのである。

③　すべて自由でも良いか

　しかしながら，すべてが自由で良いだろうか。たとえば，①AとBという女性を同時に愛してしまった男性が「ＡＢ両方と結婚する」と決断し，二人の妻と結婚生活ができるだろうか。あるいは，②イケメン俳優の熱烈なファンである女性が「あの人と結婚する」と決めれば，それで夫婦となることができるだろうか。結婚だけでなく，③可愛い赤ちゃんがいるので「うちの子に」と，他人が勝手に親になることは可能だろうか。また，④少し乱暴に育ってしまった子どもを「うちの子ではないです」と親子の関係を切ってしまうことは可能だろうか。逆に，⑤「この親は嫌だから隣の家の子になります」と子どもが宣言できるだろうか。また，⑥大金持ちの資産家が死亡したときに，単なるゴルフ友だちが「あの資産家の大きな家に私が住んであげる」といって住み着き，亡くなった資産家の家族を追い出そうとしたら，家族は自分たちの生活していた家を出て行かなければならないだろうか。

第1章　身近な家族法

　ここにあげた「たとえ話」を頭にイメージした場合，おそらく，「ありえない」と思ってもらえるだろう。中には「できれば良いなあ」と思う話もあるだろうが，無理だと直感的に感じてもらえるはずである。

④　ルールの必要性

　それでは，なぜ，自由な選択が認められる世の中で，上記のような「たとえ話」を現実のものとしてはいけないのであろうか。「常識だ」といえばそれまでであるが，常識は年齢や地域などによって，若干，異なることもある。なぜ，一人の夫に妻が二人いてはいけないのか。他人の子を自分の子としてはいけないのか。当たり前すぎて，今まで考えたことがなかった，というのが大半の答えではなかろうか。

　このように人生という自由な選択の中で，なんとなく駄目とは分かっていても，考えてみれば，なぜ駄目なのかと思うことは多い。道徳や宗教観といったものも大きく影響するだろうし，感情的な判断や，非合理的なことも多い。かといって，全員が自由に好き放題にしてしまえば，一人ひとりの小さな争いは，社会全体の大きな混乱を簡単に引き起こすのである。たとえば，スポーツをイメージすれば容易に理解できるように，ルールのない試合は選手にとってはただの乱闘であり，観客は応援も感動もしないに違いない。

　だからこそ基本となるルールが必要となるのである。

　そこで，たとえ話のようなことは駄目だ，というルールが決められ，それが「法律」と呼ばれることになる。「法律」という響きから，即座に難しいというイメージが浮かびそうだが，「ルール」というイメージを持ってもらえれば，拒否反応は少ないだろう。その中でも，結婚や親子の関係などのルールを決めているのが，これから説明していく「家族法」ということになる。

　要するに，「家族法」が決めるルールは，身近で，なんとなく当たり前であることが多い。その当たり前であることを法律的にみていくのであるが，基本的に当たり前と思うことが多いので，難しいというイメージは捨ててほしい。そうすれば，ただ「ありえない」と思っていたことが，○○という法律があるからこそ「ありえない」と考えることができるはずである。

3

☆補足 「ですます調」と「である調」

　たとえば、「家族法は、簡単です。すぐに理解できます。」という文章と、「家族法は、簡単である。すぐに理解できる。」という文章の語尾の好みは分かれるだろう。語尾だけで、なんとなく優しく感じる文章と、なんとなく厳しく感じる文章になってしまうところが面白い。一般的に、前者を「ですます調（敬体）」、後者を「である調（常体）」と呼ぶ。法律関係の本は古くから「である調」が多い。最近では、「ですます調」の本もあるが、本書は「である調」を採用した。いろいろ理由はあるが、今後、「である調」で書かれた法律関係の本を読む際に、読みにくいと感じてほしくないというのが一番の理由である。

(2)　家族法という法律はない

　家族法を説明するといいながら、いきなり家族法という法律はないというのは矛盾するが、細かい話なので、深刻に考える必要はない。

　大小を問わないので、是非、「**六法**」を開いてみてほしい。6つの法どころか多数の法律が書かれており、楽しいと思える人には楽しんでもらえる書物である。

　その目次を探しても「家族法」という法律はないはずである。では、この先、ありもしない法律を説明していくのかというと、そうではない。

　実は、「家族法」は、**民法**という法律の中に存在しているのである。

　民法典（法典とは、1つの分野の法律を統一的にまとめたものであり、ここで民法典とは六法全書に文字で記載されている民法という法律であるとイメージしてもらえれば良い）は、総則・物権・債権・親族・相続という5つの編で構成されており、一般的に前の3つ、総則・物権・債権を**財産法**、後の2つ、親族・相続を「**親族・相続法**」または「**家族法**」と呼ぶことが多い。だから、細かい話になるが、「親族・相続法」という法律も「家族法」という法律もないのであり、厳密には民法第四編親族・第五編相続を説明することになる。ただ、本書では、一般的で読みやすいので「家族法」を採用することにする。

☆補足　民法改正　カタカナからひらがなへ

　平成16（2004）年、民法の改正が決定され、翌年の平成17（2005）年から、民法の条文が文語体から口語体へと改められた。つまり、カタカナで書かれていた条文

が，ひらがなに変更されたのである。たとえば，民法1条1項は，「私権ハ公共ノ福祉ニ遵フ」から「私権は，公共の福祉に適合しなければならない。」へと改正された。ただ，この大改正は財産法のみであり，家族法については，昭和22（1947）年にすでに口語体に改正されていたので，平成16（2004）年の改正では部分的に手が加えられただけである。

2　家族法の位置づけ

　民法を構成する家族法の内容や位置づけを簡単に説明しておく。

(1)　財産法と家族法

　財産法と家族法で構成される民法は，私たちが生活していく上でのいろいろなルールを定めた法律であり，**私法の一般法**といわれることが多い。

　一般的に，憲法・刑法などが，国のルールや公のルール（イメージとしては，国や役所の仕事に必要な法律）を定めて公法と呼ばれるのに対し，私たち一般の人（法律の本では**私人**と表現することが多い）に対するルールを定めた法律を**私法**と呼ぶ。その私法の中でも民法は基礎となる法律であり，だからこそ，民法は，私法の一般法と呼ばれるのである。

　そこで，私たちの日常生活を考えていくと，買い物をしたり外食をしたりするお金を使う生活である経済生活と，親子で暮らしたり結婚して新たな家庭を持つ家族生活に大きく分けることができる。前者のルールを定めるのが財産法であり，後者のルールを定めるのが家族法である。

　一方はお金に関するルールであり，他方は家族に関するルールであるため，両者はまったく別な方向を示しているように感じられる。しかし，私たちの生活全般のルール，つまり，家を買ったり借りたりして家族で暮らし，生活していくためのルールと考えれば，民法という法律の中に財産法と家族法が存在している理由も分かるはずである。

(2) 家族法と憲法

家族に関するルールを定める家族法であるが，その基本となる考え方は**日本国憲法**24条に定められている。

憲法24条には「個人の尊厳と両性の本質的平等」が謳われており（「謳われている」とは，表明されているということ。法律の本ではよく使われる），この憲法24条の視点，つまり，人が人として奪われるべきではない気高さを守ることや，男女平等という視点をもとに，家族法は設定されているのである。

3 第二次世界大戦前後の家族法

ところで，今の憲法は，第二次世界大戦後に改正された憲法であり，戦前の憲法とは大きく異なる性格を持つ。それと同様に，戦前の家族法も今の家族法とは大きく異なった性格を持っていた。

(1) 戦前の家族法

ここからは少し昔の話になるので，イメージが湧きにくいかもしれないが，昔と今を比較することも，家族法を理解するためには必要となるので，早足に「歴史」をみていきたい。

江戸時代が終わり，明治という時代を迎えたわが国は，当時の世界の最先端を走る国々との各方面にわたる格差を埋めるために，いろいろな政策を精力的に進めていった。

時代の変わり目における大きな変化が起こる中，憲法（大日本帝国憲法）の制定とともに，民法の制定も重要とされ，検討が進められていった。そこで，当時の明治政府はフランスの民法学者ボワソナードに民法典の作成を命じたのである。大役を受けたボワソナードは，フランス民法を手本とした民法（旧民法）の作成を進めていき，ついに公布（広く国民に知らせるということ）するまでにいたったのである。

しかし，当時の時代背景として，この旧民法公布の20数年前まで，江戸に征夷大将軍が鎮座し，各国（藩）には殿様がいた日本にとって，とくに家族に関

第1章　身近な家族法

する内容が自由であり過ぎたため，古くから日本にある道徳観などを壊すものだという強い反発を招いた。結局，**民法典論争**と呼ばれる大論争を招く事態となり，この旧民法は，公布はされたが施行（法律の効力を発生させること）はされずに終わってしまったのである。

その後，梅謙次郎，穂積陳重，富井政章らによって新たに民法草案（民法の下書き，原案）が起草され，明治31（1898）年，ついに施行されることになり，わが国に民法（明治民法）が登場したのである。

(2)　明治民法の特徴

この明治民法に定められた家族法（旧家族法）は，「**家**」を中心に考え「**家**」の維持を第一に考える**家父長的家族制度**または**家制度**を基本としており，これから学ぶ今の家族法とは大きく異なるものであった。

ここでの「家」とは，生活基盤である建物としての「家」ではなく，たとえば，「○○家と□□家の結婚披露宴会場」であるとか，「お前は△△家の出世頭だ」「お前は××家の恥さらしだ」などのときに使う「家」のことである。

この「家」を中心に考える制度は，家族の一員である個人を重視するよりも，その家族の長（多くが父親）である**戸主**を重視していた。戸主は他の家族の一員を統率し，その家の財産を支配するとともに，家族の誰かが結婚するときには戸主の同意が必要とされるなど，かなりの権力が与えられていた。

その中でも，とくに注目されるのは，妻には一般的な法律行為を行う能力（行為能力）が認められていなかったことである。たとえば，妻には高額となる取引をすることが認められず，今のわが国では到底考えられない制度であったといえる。

このように「家」という小さな社会の生活単位の中で，絶大な権力を握る「戸主」だが，当然，死を迎えるし，「戸主」という地位を引退（隠居）することもできた。そうすると「戸主」の地位を引き継ぐために**家督相続**が開始される。基本的に子どもがたくさん生まれていても，その地位を引き継ぐのは長男とされていたため，他の子どもの権利や長男の自由な人生の選択よりも，「家」の継続が重視されていたのである。

7

☆コメント　カタカナな裁判所の判決

　　法律を学ぶときに，大正や昭和初期の裁判所の判決を読まなければならないことがある。たとえば，Ａという事件の裁判の判決は，そのＡという事件に対する判断であるから，他の事件には影響はないはずである。しかし，Ａによく似ているＢという事件が起こったとき，そのＢ事件の判決は，Ａ事件の判決とよく似ているはずである。つまり，同じような事件では同じような判決が繰り返されるのである。そうすると，その繰り返しは一種のルールともいえるので，尊重されることになり，とくに先例といえる判決（判例）をみておくことは重要となる。よって，古い判決を読む必要が出てくるのである。

　　たとえば，「婚姻ノ予約ハ将来ニ於テ適法ナル婚姻ヲ為スヘキコトヲ目的トスル契約ニシテ――」というような判決を読むこともある。ただし，今ではカタカナの部分をひらがなに変えて説明することが多いので，あまり気にしなくて良い。

(3)　戦後の家族法

　第二次世界大戦が終わると，それまでの大日本帝国憲法は，日本国憲法へと姿を変えた。この新しい憲法では基本的人権の尊重や法の下の平等が謳われ，憲法24条には「個人の尊厳と両性の本質的平等」の理念が掲げられたため，当然ながら，大戦前の「家」の制度は廃止されることになった。

　「戸主」が家族に対して絶大な権力を持つこともなくなり，また，その地位を長男だけが引き継ぐといった不平等も解消され，当然ながら，妻の行為能力も認められた。今では当たり前に思われる男女平等が法律的にも認められる状況が整い，個人の尊重や平等が，家族法の基本的な考え方として成立していったのである。

　しかし，いくら時代が大きな節目を迎えたからといって，国民全員の習慣や生き方，考え方などが一瞬で変化するということは考えられない。「家制度」が廃止され，戦後生まれの人口が増えている現在でも，家族法の問題を考える場合には，国民の意識の中に「家制度」的な考え方が知らず知らずの間に残っているということを忘れてはならないのである。

☆補足　簡単なまとめ

　　ここまでは，家族法の大まかなイメージを持ってもらうことを願って説明した。とくに，明治民法の特徴である「家制度」については，映画やテレビ，小説などで

見聞きしたことがある人も多いと思う。簡単にいえば，頑固なおじいさんが家族のことを何から何まで決めてしまい，家族はそれに反対できない，といったイメージである。現代の，孫に異常に優しいおじいちゃんの姿をみると，あまりイメージできないかもしれないが。

4 「身分」という言葉

　繰り返しになるが，家族法は，自分の身に起こるであろう結婚や親子の関係，親の財産の行方などのルールを決めている。普段の日常生活でも関係することが多いため，難しく考えなければ，意外と簡単に理解できる。

　とはいえ，何となく理解できないのが法律関係によくある**用語の壁**である。しかし，この用語もそれほど難しいものではないので，家族法には欠かせない「身分」という言葉を説明して用語に対する拒否反応を少しずつなくしていきたい。

⑴ 身分とは

　家族法では，一定の「身分関係について規定がなされている」。

　そこで，**身分**とは何かというと，「夫」「妻」「子」といった**特定の立場**である。そうすると，家族法は，家族を構成するそれぞれの立場について，いろいろと決めている，つまり，結婚して夫や妻となり，子どもを授かったりしたときの，それぞれの立場についてルールを決めている。それを「身分関係について規定がなされている」と言い換えているだけである。

☆補足　結婚と婚姻

　ところで，身分をつくり出す「**結婚**」だが，法律の世界では「**婚姻**」というのが主流である。結婚するときに提出する書面も「結婚届」ではなく「婚姻届」であるので，一応，今後は「**婚姻**」という言葉を使いたい。ただ，日常的には「結婚」ということがほとんどなので，説明をする中で「婚姻」と「結婚」の両方を使うこともあると思うが混乱しないでほしい。

(2)　身分権の特質と身分行為

この身分に対して認められた権利を**身分権**といい，その特質の１つとして「一身専属的性格を有するので譲渡性がない」と説明される。

このままでは良く分からないが，たとえば，Ａが死亡した時，Ａの財産を受け継ぐ権利は，Ａの「子」が持っている。これは，Ａの「子」だからこそ持っている権利であるから，そのＡの「子」という身分にある者だけに認められる権利であり，他人に認められる権利でもなければ，他人に譲ることもできない，ということである。

もう少し具体的に説明すると，自分のボールペンを他人にあげたり売ったりすることはできても，資産家Ａの子どもという「身分」は，その子どもにのみ認められる「一身」に帰属する身分であるから，いくら「かわってあげる」といわれても，他の人がその「身分」になることはできないのである。

また，親と子の関係を考えたとき，親の「身分権」は，権利とはいうものの，子どもに対する義務性が強く求められるため，親という身分を「放棄」すること，つまり，親という身分を投げ捨てることは原則として認められないという特徴を持つ。

次に「**身分行為**」であるが，「行為」とは簡単にいえば「行う」ということであるから，「身分行為」とは，結婚したり離婚したりすることによって身分をつくり出したり変更したりすることを「行う」ということである。たとえば，今まで「子」という身分であった箱入り娘が，結婚して「妻」という身分になり，子を授かれば「親」という身分に変化することをイメージすれば分かりやすい。

この「身分行為」を分類すると，以下の３つとなる。

①　形成的身分行為

身分関係を直接的に創設・廃止する行為であり，新たに身分関係をつくり出す創設的身分行為と，今まで存在した身分関係を解消する解消的身分行為に分けることができる。前者は婚姻や養子縁組などであり，後者が協議離婚や協議離縁である。

② 支配的身分行為

自分の立場（身分）に基づいて，他人を身分的に支配する行為である。明治時代の「家制度」のように感じるかもしれないが，たとえば，母親が自分の立場（身分）に基づいて，赤ちゃん（自分の子とはいえ他人）を育児する，ということであるので「家制度」でみられるような権力的な行為ではない。

③ 付随的身分行為

たとえば，婚姻によりどちらかの苗字（氏）に変わるというように，ある身分の変動とともに行われる行為である。

以上のような身分行為は，**要式性**，つまり，法令で定められた形式・方式に従って行うことが求められる。これは，冷静に値段などを考えて買い物をするといった行為（法律行為）に対して，自然発生的な感情や本能によってなされる婚姻といった行為（身分行為）は，当事者の意思が重視されるとともに，その周りの人々に対する影響が大きいため，形式や方式に従うことが求められるのである。

☆ちょっと考えてみよう 「親と子の関係」と「法律と常識の関係」

第1章においては，法律の話というよりも，家族法の位置づけや歴史をみてきたため，身近な当たり前のことについて考えてみてほしい。

明治時代の「家制度」においては，家族に対して，戸主であるおじいさんや父親が大きな影響力を持っていたが，現在は「家制度」という制度は存在しないので，基本的に家族の誰かが影響力を持つということはないことになる。

しかし，親子で生活する「家庭」において，子は父親や母親の影響を受けて生活している。とくに幼少期や未成年である間は，いわば親の支配下にあるといえる。とはいえ，通常の場合，このような親子の関係は，圧力的であったり権力的なものと感じるだろうか。どちらかといえば，当たり前といえるかもしれない。

そうすると，親が子を教育したり面倒をみることや，子が親の保護の下に成長していくことは，法律で規定しなければならないことだろうか。それとも，常識や当たり前という感覚に任せておけば良いだろうか。それぞれが育ってきた環境は異なるだろうが，自分のこれまでの人生を振りかえり，身近にあった親と子のルールについて，ちょっと考えてみてほしい。

第2章　法律的な家族の関係：氏・戸籍

1　家族法の取り扱う家族構成

(1)　家族構成

「家族」というと，どのようなイメージを持つだろうか。父親，母親，子ども，おじいさん，おばあさん，孫などの集まりが浮かんでくると思う。今の世の中では，その「家族」の中に，犬や猫といったペットも入ってくるだろう。

では，その集まりは，なぜ，集まっているのか。言い換えれば，どんな「つながり」によって集まっているのだろうか。もっとも単純な答えは，「血のつながり」による集まりということになる。

男女がお互いを大切に思い，結婚する。そして，幸運に恵まれれば子どもを授かる。この夫婦と子どもの自然な血のつながりが，家族という集まりをつくり出す。こうしたつながりによる集まりを法律の世界では「**親族**」という。

しかし，ここで疑問が起こるはずである。「親族」を血のつながりと考えることは理解できるだろうが，そうなると，夫婦は親族ではなくなる。いくら似たもの夫婦でも血のつながりはないからである。

ところが，夫婦も親族として扱われる。このように，家族法を学んでいく上で，まったくの他人同士であるにもかかわらず親密な関係を築く夫婦関係は，とくに注意が必要となる。また，夫婦と同じように，血がつながっていなくても親族とされる関係は他にもある。そこで，この章では単純に血のつながりだけでは考えることができない「親族」に関係する問題をみていきたい（ちなみに，家族の中で一番愛されて，一番贅沢な食事をしていても，ペットの犬や猫は「親族」となることはできないので，注意が必要である）。

第2章　法律的な家族の関係：氏・戸籍

(2)　法律的に考える親族

①　血族・配偶者・姻族

　なぜ，自分の身のまわりの者たちが家族なのか，じっくりと考えたことはないだろう。物心ついたころから同じ家に住んでいるので家族，という感覚が普通かもしれない。このような「別に改めて考えなくても，それが当たり前だから」ということであっても，法律はルールを決めている。親族についても，誰と誰が親族になるのかということを，民法725条は明確に規定しているのである。では，民法725条はどのように親族を定めているのかというと，**6親等内の血族，配偶者および3親等内の姻族**が親族であるとしている。

☆補足　条文の示し方

　　本書は，民法の本であるので，今後，725条と書いてあれば，それは民法の第725条である。およそ，法律の本はそのようになっていると思う。だから，憲法の条文をみてほしいときは「憲法24条」または「憲24条」，戸籍法をみてほしいときは「戸24条」などと書き示す（当然，憲法の本であれば，「24条」は憲法第24条であり，民法第24条が「民法24条」または「民24条」と示されることになるだろう）。
　　また，1つの条文でも細かく分類される場合がある。というのは，内容的に1つの条文にまとめておきたいが，内容量が多く，条文が異常に長くなってしまう場合，並列的に内容を区分けして，分かりやすく条文を整理するのである。まず，「項」という区分けがあり，六法の中では①②という形で示される。これは，○○条1項，2項……というように，1つの条文の中で項目を整理していく場合に用いられる。また，さらに細かく例をあげたい場合などは「号」という区分けが使われる。○○条1項一号，二号，三号というように表記され，六法でも一，二と漢数字で記載されている。この区分けによって，条文の中でも必要な箇所に早くたどり着くことが可能となり，確認がしやすくなるのである。

　　ⅰ　**血族とは**　　まず，**血族**であるが，これは漢字からイメージできるとおり血のつながりによる親族である。つまり，出生による父・母と子の自然なつながりによって成立する関係である。また，血のつながりであるから，親と子だけでなく，兄弟姉妹やおじいさん・おばあさん，おじ・おばなども「血族」であり，とくに「**自然血族**」と呼ばれる。
　　漢字からみれば，この血のつながりを重視した「自然血族」のみが唯一の血

13

族と思われそうだが，実は「血族」には「**法定血族**」という「養子縁組」によって成立する親族関係も存在する。養子縁組については，後で詳しく説明するが，ここでは，血のつながりは存在しないが，法律の規定によって，親（養親）と子（養子）の親子関係をつくり出すことが養子縁組であると理解してほしい。

　結局のところ，血族には，血のつながりによる「自然血族」と，法律によってつくり出されるつながりによる「法定血族」があり，両者は親族として同じ扱いを受けることになるのである。

　☆補足　「後で詳しく説明する」
　　　すぐに説明する方がいいかもしれないが，「後で詳しく説明する」という場合は理解してほしい内容の優先順位を示している。つまり，ここで重要なのは「法定血族」の理解であり，「養子縁組」の内容ではない。だから，今後も「後で詳しく説明する」という言葉があれば，今，理解する内容の優先順位を示しているのであるから，後で説明することは後で，と思って読み進めてほしい。

　ⅱ　**配偶者とは**　　次に**配偶者**である。これは漢字からのイメージは難しいが，実は夫婦の一方のことである。つまり，夫からみた妻が「配偶者」であるとともに，妻からみた夫も「配偶者」である。当然，血のつながりはないが，親族関係となるのである。

　ⅲ　**姻族とは**　　最後に**姻族**であるが，漢字からすると，「婚姻」の「姻」が使われていることから想像できるとおり，婚姻によりつくり出される親族関係である。

　自分を基準に考えた場合，自分の**配偶者の両親や兄弟姉妹**が姻族となる。俗にいう「義理のお父さん（義父）・お母さん（義母）」「義理の兄・姉」である。

　また，自分の兄弟姉妹の配偶者も，自分からみて姻族となる。つまり，自分の**血族の配偶者**も姻族となり，そうすると，自分の子どもの配偶者（お婿さん，お嫁さん）も自分からみると姻族ということになる。ちなみに孫は自分と血のつながりがあるので「血族」である。

　②　**直系・傍系，尊属・卑属という区分け**

　以上のような親族を考えるとき，自分を基準として考えるのが一番分かりや

すい。そのとき，自分の上に親がいて，親の親（祖父母）がいて，またその親がいるという**上のつながり**と，自分の子どもがいて，子どもの子ども（孫）がいて，またその子どもがいるという**下のつながり**ができると考えてほしい。この，自分からみて上下にできる親族の関係を「**直系**」という。

次に，自分の兄弟姉妹は自分からみて，同じ親から生まれているのだから上のつながりでも下のつながりでもなく，同じ世代のつながりである。ここでは年齢的な上下をいっているのではないから注意してほしい。

つまり，自分と自分の弟を例にして考えてみると，「親―自分―子」という自分からみた「直系」のつながりと，「親―自分の弟―自分の弟の子」という弟からみた「直系」のつながりができる。それぞれの直系は親から自分たちの世代で枝分かれしているのが分かる。その自分からみて枝分かれした側が「**傍系**」と呼ばれる親族である。

また，「**尊属**」と「**卑属**」という親族の分け方もある。「尊属」が自分からみて上または前の世代，「卑属」が自分からみて下または後の世代，ということである。つまり，親は「尊属」であり，子は「卑属」である。法律的に使われる言葉であるが，あまり日常では使うことはないだろう。ちなみに，配偶者や兄弟姉妹は自分からみて上でも下でもないので，尊属でも卑属でもない。

「直系・傍系」「尊属・卑属」といった分け方は，あまり意味のないことかもしれないが，たとえば，後で詳しく説明する「養子縁組」では，尊属を養子にすることはできない（793条）と規定されているので，意味合いは理解してほしい。

③　親等とは

親族について，725条は**6親等内の血族，配偶者および3親等内の姻族**を親族としている。残る説明は6親等内，3親等内という文言である。

この「**親等**」というのは，親族関係の近さ・遠さを表すための単位である。つまり，1親等は近い関係の親族，6親等であれば遠い関係の親族である。

①　**親等の数え方**　　親等の数え方は，自分を基準とした，親と子の「つながり」を数えていけば簡単である（726条）。

たとえば，親を上に，子（自分）を下において，そのつながりを線でつなぐと，「親―自分」となり線は1本なので1親等となる。

15

図　親族関係

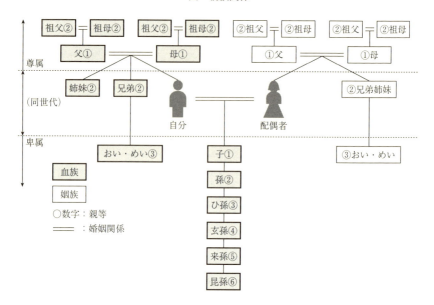

　自分に妹がいれば，親と子の関係ではないので自分から妹へは直接つながらず，**同じ親の子**としてつながるのであるから，親から自分・親から妹へと線がつながる。そこで，自分を基準に考えて，「自分―親」で1本，「親―妹」で1本の合計2本となり，自分と妹は2親等となる。この場合，自分から枝分かれの元となる親のところまで数えて，そして，枝分かれの元である親から妹へと数える「自分―親―妹」というイメージを持ってほしい。

　それでは，祖父母とは何親等かというと，「自分―親―祖父母」なので2親等となる。次に，おじ・おばというのは自分の親の兄弟姉妹なので，枝分かれの元は祖父母，つまり，「自分―親―祖父母―おじ・おば」となるので3親等である。また，いとこはおじ・おばの子どもなので，「自分―親―祖父母―おじ・おば―いとこ」となるので4親等である。

　ちょっと混乱するかもしれないが，「親と子」という直線的なつながり（直系）が基本となり，兄弟姉妹のような親から枝分かれしたつながり（傍系）は，

16

自分からその枝分かれの元となる親までの距離とその親から兄弟姉妹までの距離の合計となるので，じっくりと数えてみてほしい。

(ⅱ) **親等と親族**　6親等内の血族と3親等内の姻族が，親族の範囲である。

まず，6親等内の血族であるが，自分からみて，子ども①（○数字が親等），孫②と数えていくだけでなく，自分の親①や祖父母②，おじ・おば③やその子（いとこ）④，また，いとこの子⑤の子⑥などが血族となる。

ちなみに，自分の子孫を考えると，自分—子①—孫②—ひ孫③—玄孫（やしゃご）④—来孫（らいそん）⑤—昆孫（こんそん）⑥までが直系の血族となる。

他方，姻族は3親等内であるから，範囲はかなり絞られる。たとえば，配偶者の妹②の子（おい・めい）③などが姻族となる。

では，親族の中の配偶者についてはどうなるのかというと，配偶者には親等はない。725条でも「何親等内の配偶者」とは書いていないことから分かるように，配偶者は親等が関係しない親族である。

☆補足　親族の範囲の実用性
　　ここまでで親族の範囲，親等の数え方は，大まかに理解できたと思うが，残念ながら，この親族の範囲を定める725条は法的な意味がほとんどないといわれている。理由として，親族における問題，たとえば，誰が誰の相続人になるか，といった問題に対して，民法にはそれぞれ個別の規定が定められているため，725条による親族の範囲が直接活用される場面はほとんどないからである。しかし，自分を取り巻く「親族」という人々との関係を考えることは，無駄とはいえないと思うので覚えておいてほしい。

2　「戸籍を持って来て下さい」

　民法には直接規定されていないが，親族に関連する重要な事柄は多い。

　まず，自分の戸籍をみたことがあるだろうか。パスポートの取得など，戸籍が必要となった経験を持つ人も多いだろう。役所に取りに行かなければならない面倒な証明書というイメージがあるかもしれない（今では，郵送サービスもあるが）。

(1) 戸籍とは

そもそも戸籍とは，人が生まれ，結婚し，子どもが生まれ，そして死ぬ，という個人の存在の事実を公的に記録した公正証書である。個人がどのような身分関係にあるのか，つまり，誰の子であり，誰と婚姻し，子どもがいるのか，ということを証明する記録であるから，個人の身分証明が重要となるときには最適の証明書となる。

ここで戸籍は個人を証明するものと説明したが，基本的には，一人ずつ個別に作成される個人単位の記録ではなく，夫婦と子どもという家族を単位として作成されている。家族を単位とするといっても，**三代戸籍禁止の原則**，つまり，「祖父母—親—子」という三代の関係を記録した戸籍を禁止しているので，「戸主」である祖父とその他の家族を記録した「家制度」的なものを目指しているのではない。誰が夫婦で，誰がその夫婦の子か，ということを明確に記録したものが戸籍であり，**夫婦・親子同一戸籍の原則**によって作成されているのである。

この戸籍は，以前は公開が原則とされていたので，他人の戸籍の閲覧や戸籍の**謄本**（戸籍に記載されている家族全員の情報が印刷されたもの）・**抄本**（戸籍に記載されている一人の情報を抜き出したもの）の交付が認められていたが，現行の戸籍法では閲覧の制度は廃止され，プライバシーの保護や人権の観点から，戸籍の謄本・抄本の交付は戸籍に記載されている者やその配偶者など特定の者に限られることになった（戸籍法10条）。

(2) 戸籍の作成

戸籍に夫婦とその子が記載されるということは，ある夫婦の子として戸籍に入っていた子は，婚姻することにより，新しく作成された戸籍に自分の配偶者とともに夫婦として記載されることを意味する。つまり，ＸＹ夫婦の子Ａは，Ｂと結婚することにより，ＸＹの戸籍から抜け出て（**除籍**という），新しいＡＢ夫婦の戸籍に入ることになるのである。

① 創設的届出と報告的届出

このように，新しい夫婦という身分関係が発生したり，話し合いによる離婚

によって身分関係が消滅する場合のように，その事実を届け出ることによって身分関係の変化が生じる届出のことを「創設的届出」という。これに対して，届出が出されようが出されまいが，事実として身分関係に変化が生じている場合がある。たとえば，子どもが生まれた場合，出生の届出に関係なく「子」という身分は発生しているので，その報告を受けて戸籍に正しい身分関係を示すことになる。このような届出を「報告的届出」という。

☆コメント 「創設」と「報告」

　　要するに，届出がないと，誰と誰が結婚したのか分からないので，新しい身分関係をつくり出す，つまり，創設するために「創設的届出」が必要となる。一方，子どもが生まれると，「子」という身分関係は生まれた時から発生しているので，その報告をするために「報告的届出」が必要となるのである。

② 形式的審査

　ところで，公的に身分関係を証明する戸籍であるが，戸籍を作成する元となるのは，基本的に各自の届出である。もちろん，他人の子を自分たちの子として届け出ることは通常考えられないだろうが，もし，真実ではない届出がされたとしても，その届出を受ける戸籍事務担当者には実質的審査権，つまり，届出に記載されていることが真実かどうかを調べる権利はない。書面に記入漏れがないかといった形式的な審査のみが行われるので，真実ではない戸籍がつくられる可能性はある。

　このような真実でない記載を訂正するために，戸籍法では戸籍を訂正するための規定（戸24条・113条など）が定められている。このことから，単なる書き間違えだけでなく，真実ではない届出が出されることもありうるということを覚えておいてほしい。

3　氏名の示すもの

　戸籍は身分を証明する書類であるが，そもそも個人を証明・認識するためには「名前」がもっとも活用されているだろう。たとえば，住所であれば家族全

員が住んでいるので個人を示さないし，生年月日だけでは個人を特定できない。そうすると「名前」が個人を特定する一番便利で有効なものとなる。

(1)　氏名の使命

「名前」と表現する場合もあるが「氏名」や「姓名」という場合もある。また「苗字（名字）」のみをとっても「氏」や「姓」といろいろな表現方法がある。これまでも「結婚」と「婚姻」のように，同じ意味であるのに違う表現をするものがあったが，こういった言い換えはすでに「名前」で経験しているはずである。こうしてみると，わが国には，言い換えの文化といえるものがあるのかもしれない。ここでは細かいことにはふれずに「**氏名**」という言葉を使っていきたい。

「氏名」の内「名」は生まれたときに命名されるものであるから，もっとも自分を表すものといえる。常識的にありえないような「名」が問題になることもあるが，ここで話題とするのは「氏」の方である。

「氏」は明治時代には「家」を表現したものであって，個人が所属する「家」を表示するという意味合い（家名と呼ばれる）があったとされるが，「家制度」が廃止された後は，「氏」と「名」を合わせて個人を示すものとされている。（とはいえ，「〇〇家」という呼び方がされることから，「氏」と「家」とは完全に断ち切れていないという見方もできる。）

では，どのようにして「氏」が各自に割り当てられるのかというと，正式に婚姻している夫婦の子（**嫡出子**と呼ぶ）は，生まれたときに両親の名乗っている「氏」を名乗ることになる。また，出生前，つまり，妻の妊娠中に夫婦が離婚してしまった場合にも離婚するまで両親が名乗っていた「氏」を名乗ることになる（790条1項）。正式に婚姻していない男女の子（**非嫡出子**と呼ぶ）は，母の「氏」を名乗ることになる（790条2項）。

親と同じ「氏」であることに疑問を持つこともなく，物心ついたころから「氏名」を名乗っていると思うが，実は，民法の規定に従ったものである。

では，両親が不明である子はどうするのかというと，市町村長が氏名をつけることになっている（戸57条2項）。後に父または母がその子を引き取ることに

なれば，戸籍が訂正され，親の「氏」を名乗ることになる。

(2) 氏名の問題

　そこで，個人を示す「氏名」には大きな話題となる問題がある。夫婦同氏（750条）という問題である。後で詳しく説明することになるが，婚姻により夫婦となる場合，現実的にはほとんどの妻が，夫の氏を名乗ることになるので，平等や男尊女卑という点から問題となっている。同様に，親子同氏（790条・810条）も問題となる。「子」も独立した一人の人であるから，親の「氏」をなぜ名乗らなければならないのか，という考え方もありえるのである。

☆コメント　「夫婦同氏」
　　とくに夫婦同氏については，女性の社会進出が進む中，勤務先で築き上げたキャリアの連続性が，婚姻して夫の氏を名乗ることにより途切れてしまうなどの問題点が重要である。つまり，Aという氏で仕事の実績を積んできた女性が，婚姻によりBという氏を名乗ることにより，Aの実績はそこで終わり，新たに何の実績もないBが登場する，というようなことが起こりかねないのである。もちろん，少し調べればAとBの連続性は分かるが，「氏名」というものが単純である反面，ある個人のすべてを示すほど重要な「看板」ともいえるのである。
　　個人を示す氏名の重要性を考えれば，婚姻後も氏名を変更することなく生活できるように法律を変更すべきであるという意見は当然である。ただ，戸籍や氏名が，身分を証明するために重要な役割を果たしているとすれば，とくに「子」が未成年の場合，親が誰であるのかということが重要となってくるので，夫婦・親子が1つの戸籍に記載され，「夫婦」や「子」が同じ「氏」を名乗ることも完全に否定することはできないと考えることもできる。今後とも，単なる感情論ではなく，子の将来などを明確に検討した上での議論が期待される（第4章にて詳しく説明する）。

4　身内のケンカですまない場合

　家族という関係で思い浮かぶのは，家族旅行や誕生日のパーティ，入学・卒業祝いなど，いろいろな楽しいことばかりではなく，家庭内でのケンカもある。夫婦ゲンカや兄弟ゲンカ，親子ゲンカなどのパターンがあるが，家庭内でケンカ（紛争）が起きる場合，合理的な理由が不明な場合や，割り切れない感

情によって話がこじれる場合がある。逆に信じられないくらいのケンカをした後でも，あっさり仲直りする場合もある。また，家族での争いというものは特殊なものであり，問題の解決が，その後も続く家族の日常生活に影響を与え続けることも考えなければならない。つまり，正しいと思われる解決であっても，その解決によって家族が崩壊するという危険性もあるのである。

(1) ケンカの解決方法（調停）

一時的に争っても，家族関係は継続するのであるから，本来であれば家族同士で話し合い，解決するのが一番良い。しかし，後で説明する遺産分割のようなお金が関係する問題など，どうしても話がまとまらない場合，冷静な第三者が中立的な立場で妥当な解決の手助けをする方が良いときもある。そのために，家事審判制度が設けられ，**家庭裁判所**によって家族のケンカ（家事事件）の適切な解決が目指されることになる。

ただ，裁判所と聞くだけで，膨大な時間と費用，面倒な手間がかかると考えがちだが，あくまで家族の争いであるから，通常の裁判のように白黒はっきりさせることが良くない場合もある。そこで，家庭裁判所が後見的に関与，つまり，解決に向けた手助けをすることによって，当事者の話し合いによる妥協点やお互いに譲り合える部分を引き出して合意を目指し，自主的な解決への道を探るのである。これが「**調停**」と呼ばれる紛争の解決方法である。

(2) 調停でも解決できなければ

もちろん，家族の争いとはいえ，争いが起こっているのであるから，すぐに裁判をはじめて，白黒はっきりさせるのも良いかもしれない。しかし，まず，家族の争いは家族の話し合いで解決する方が良いだろうという考えから，まずは「調停」を申し立てなければならないと定められている。これを**調停前置主義**（家事事件手続法257条）という。

「調停」によっても話がまとまらない場合，家庭裁判所による審判によって解決が図られる。この「**審判**」は，家庭裁判所が調停のように後見的に関与するのではなく，紛争当事者の双方の話を総合的に判断することによって解決を

第2章　法律的な家族の関係：氏・戸籍

図るのである。通常の裁判のように一般に公開はせず，家族の紛争をできる限り円満に解決するように努力がなされる。しかし，その努力もむなしく，紛争の解決がみられない場合，いよいよ通常の裁判によって解決が目指されることになる。

☆補足　紛争解決
　　紛争解決の方法は，もっと細かく整備されているが，本書は，家族法の基本的な部分の理解を目標としているため，ごく簡単な部分にしかふれていない。ただ，紛争解決の方法はいろいろと準備されている，ということは知っておいてほしい。

☆ちょっと考えてみよう　「悪魔」という名
　　氏名の内「名」は，親や祖父母などが，生まれてきた子の将来を考えて命名する。もちろん，どのような名をつけても良いが，常用平易な文字を用いるべきであり，また，難解であったり卑猥な名を命名することはできないとされている。子の利益・福祉は当然であるが，その子の名を呼ばなければならない者，たとえば，学校の教師や友人，病院の受付などの精神的負担も考慮すべきといえよう。
　　それでは，「悪魔」という名の命名は，どうであろうか。
　　実際に争われた事案では，命名した親は「人に注目され刺激を受けることから，これをバネに向上が図られる……マイナスになるかもしれないが，チャンスになるかもしれない」と主張した。それに対して，裁判所は，親の意図も理解できない訳ではないが，意図とは逆に，いじめの対象となり，その子の社会不適応を引き起こす可能性があり，「命名権の濫用」であるとした（東京家八王子審平成6・1・31判時1486・56民法百選Ⅲ43〈第2版〉）。
　　そこで，子の命名について，ちょっと考えてみてほしい。「悪魔」はダメでも「天使」は大丈夫だろうか。「寿限無寿限無（じゅげむじゅげむ）……」は長すぎて許されないか。簡単で難しい問題かもしれない。

23

第**3**章　夫婦になるには：婚姻

1　結婚します

(1)　結 婚 と は
①　理想の結婚

結婚（以下，**婚姻**という）と聞いて，何をイメージするだろうか。子どものころから可愛いお嫁さんになりたいという夢を持つ人もいれば，愛する人と子ども達とに囲まれた楽しい家庭を想像する人もいるだろう。もちろん，裕福な相手を探し求める人もいれば，子どもができたから，という人もいるのが現実である。また，「婚姻」＝「結婚式」という人もいるかもしれない。

ほんの数十年前までは，お見合いによる婚姻が多かったのであるが，最近では恋愛結婚が多くなり，お互いを大事に思う男女が「ずっとそばにいたい」という思いは，誰の指図でもなく，誰かに邪魔されるものでもない。「男と女」が存在する限り，この思いは人として普通に持ち合わせているものであり，そして，人類を永続させるための重要な感情であるといえよう。

②　婚姻と法律

そうすると，「この人と幸せになります」という人生の大きな選択に対して，法律が何か口出しする余地はあるだろうか。「法律」＝「国がつくる難解なもの」と一般的にイメージされるとするならば，婚姻して家庭を築いていこうとする自然な思いに対して法律の介入は迷惑である。

しかし，自分の周りの生活環境をみてほしい。山や海のような自然もあれば，デパートやスーパー，会社や工場といった経済に関係しそうな建物などもある。そして，自分も暮らす家やマンションといった家庭・生活空間がある。その家庭を構成するのが夫婦であり親子である。とくに新婚夫婦が新たな活動をはじめることを考えれば，新しい社会の一員を迎えることに対して，法律が

何も関与しないというのは無責任ともいえる。

　また，山や海，会社や工場などの活動にいろいろな法律上のルールがなければ，不正や環境破壊といった問題が容易に予想されるのと同様に，社会の中で夫婦が活動をはじめる第一歩としての婚姻に法律が何らかのルールを定めず，完全に自由にしておくことは混乱を招く火種となるに違いない。

　それゆえに，最低限のルールを準備しておき，それに反しない限りは，幸せな家庭を築いていこうとする二人に任せる，というイメージを持ってもらえれば，男女の仲にまで法律が割り込んでくる理由が分かってもらえると思う。

（2）　法律婚主義

　現在のわが国での婚姻と江戸時代や明治時代の婚姻とは，なんとなく違うというイメージがあると思う。お見合いによる婚姻が主流であった明治民法の時代では，婚姻は男女の問題というよりも，「家」の問題として考えられていた。実際に，結婚式で，夫婦となる者がはじめて顔を合わせたということや，子どものころから親同士が「許婚（いいなずけ）」として取り決めていた相手と婚姻するということは，あまり珍しいことではなかったようである。

　しかし，現行民法は，婚姻を「両性の合意のみに基いて」成立させるという憲法24条1項を基礎に考えているのであるから，婚姻に対する個人の意思が尊重されることになる。

　このように，社会や時代が変化すれば，婚姻に対する感覚も変化するといえる。そうすると，婚姻とは，恋愛感情うんぬんよりも，元々「他人同士」であった男女が社会の中で認められる**共同体としての生活**を選択することが必要であり，言い換えると，経済的・性的共同生活を目的とする男女の結びつきが重要といえる。そして，この婚姻に法律が介入することにより，多種多様な地域の習俗や宗教の定める手続きによる婚姻ではなく，法律に定められた手続きによる婚姻が成立することになる。そうすることによって法律による保護が図られるのである。これを**法律婚主義**という。

2　婚姻の必要条件

　それでは，婚姻が法律的に認められるための要件を具体的にみていこう。
婚姻の要件としては，**実質的要件**と**形式的要件**がある。

(1)　実質的要件　その1——婚姻意思

　婚姻するには**婚姻意思**が必要である。実は当たり前の要件であるが，婚姻する両当事者に婚姻の意思が必要，つまり，婚姻する男女に**婚姻する気持ちがあることが必要**ということである。

　民法上，婚姻を成立させるための要件として「婚姻意思」が規定されている訳ではない。しかし，742条1号において「当事者間に婚姻をする意思がないとき」は，婚姻は無効であると規定されていることから，「婚姻意思がなければ婚姻は無効」＝「婚姻意思があれば婚姻は有効」ということになるのである。このような考え方は，法律を学ぶときによくある解釈方法といえる。

　ところで，お見合いであろうが恋愛であろうが，当事者に婚姻する意思があるからこそ婚姻するのであるから，「婚姻意思」を取り上げる必要はないはずである。しかし，「婚姻意思」とは何かということを考えると，単純に「婚姻したいと思うこと」だけでは十分とされていない。そこには具体的に2つの考え方が対立しており，**形式的意思説**と**実質的意思説**と呼ばれている。

①　形式的意思説

　婚姻しようとする男女が法律上の婚姻を成立させるためには「**婚姻届**」を提出しなければならない。この婚姻届を提出して法律上の夫婦関係を成立させる意思があれば婚姻意思はあるとされる。

②　実質的意思説

　「婚姻届」を提出する意思だけでなく，社会通念上，夫婦と認められる関係をつくり出すという意思があれば婚姻意思はあるとされる。

　大胆にいえば，形式的意思説は「婚姻届の提出」によって婚姻意思を認め，実質的意思説は「婚姻届の提出」＋「夫婦として生きていく意思」が必要とい

第3章　夫婦になるには：婚姻

うことになる。

　どちらの説も婚姻届を提出するのだから，夫婦として生きていくつもりであると考えれば2つの説は同じことになる。そこで，2つの説の違いを鮮明にするため，次の例示をみてほしい。

☆例　示

　ある男女（ＸとＹ）がいて，婚姻する意思はまったくなかったが，子どもができた（道徳的な問題などはここでは考えない）。法律上の夫婦の子は「嫡出子」と呼ばれ，夫婦でない男女の子は「非嫡出子」と呼ばれる（後で詳しく説明する）。そのことを知ったＸとＹは，夫婦になる気はないが，子どもが非嫡出子となると何か不利益があるかもしれないと思ったので，とりあえず婚姻届を出して子どもを嫡出子にすることにした。だからといって，ＸとＹは夫婦として人生を共に歩む気持ちはなく，適当な時期に離婚するつもりである。

　このＸとＹの婚姻は有効な婚姻として認められるか。

（この例示の元は最判昭和44・10・31民集23・10・1894民法百選Ⅲ1〈第2版〉）

　この例示のような場合，「婚姻意思」を考えると，形式的意思説では，婚姻届を提出するのだから婚姻意思があるということになり，実質的意思説では，婚姻届は提出するが，一般的な夫婦生活を考えてはいないので，婚姻意思はなく婚姻は認められないということになる。

　たしかに，「子どものことを思っているのだから，婚姻を認めてあげてもいい」という意見もあるだろうが，この例示の事案に対して，最高裁判所は実質的意思説を採用して婚姻を無効とした。婚姻届の提出だけでは婚姻は成立せず，一般的な夫婦としての関係を築こうとする意思が必要である，と裁判所が示したといえる。

　婚姻するのに「婚姻意思が必要かどうかなどと考える必要はないのではないか」と感じたかもしれないが，人はそれぞれ，いろいろな人生を歩むものであり，法律はいろいろな考え方を準備して，それぞれの問題に対処していかなければならないのである。

(2) 実質的要件　その2——婚姻障害

「婚姻意思」は，人の気持ちの問題であるので分かりづらいものであるが，ここからの「**婚姻障害**」は単純な数字的問題が多いので明確である。本来，婚姻は自由であるべきだが，「婚姻障害」の内容に違反していれば婚姻はできないので注意が必要である。

①　婚姻適齢

男性は18歳，女性は16歳になれば婚姻できる（731条）。この年齢の制限が**婚姻適齢**と呼ばれる要件である。婚姻したいという自由な気持ちを年齢を理由に阻止することができるのか。つまり，法律が「若いから婚姻はダメ」といえるのかが問題となるが，あまりに早い婚姻は一般的な生活をしていく上で不利益を受ける場合が多いと考えられるので，年齢制限は必要といえるだろう。

ただ，男性18歳，女性16歳という**2歳の差**がある。通常，「ヒト」としての成熟，つまり「大人」になるのは女性の方が早いと認識されるので，この年齢差は合理的であるともいえる。しかし，男女平等の視点などから男女とも同じ年齢（18歳）にするべきだという意見も多かった。

そうした状況が続く中，平成30（2018）年6月13日，民法の一部を改正する法律案が国会で成立し，成年となる年齢が20歳から18歳に改められることが決まった（平成34（2022）年施行）。これと同時に，婚姻適齢も改正され，婚姻は，18歳にならなければできないと改められることになった。これにより，男女の婚姻できる年齢は同じになる。しかし，早く婚姻したいと考える女性は，16歳で婚姻できる権利を，いとも簡単に奪われることになった。たしかに，10代での婚姻は，高い離婚率など問題を抱えている。しかしながら，「16歳から18歳」に変更される結果，女性は，2年間の婚姻可能な「時の利益」を失うことになる。まさか，「女性の利益など，どうでも良い」という考えが根底にあるはずもないが，こうした権利・利益を奪うことに対して，もう少し広範囲で丁寧な説明・準備を求めるべきではなかっただろうか。

②　重婚の禁止

世界には一夫多妻制を採る国もあり，江戸時代の殿様は多くの奥方（妻）がいたようであるが，現在のわが国では，夫一人，妻一人の一夫一妻制である。

したがって，配偶者のある者は重ねて婚姻（**重婚**）することはできない（732条）。

　婚姻届を出すと，夫婦のために新しい戸籍が作成されるため，重婚となる婚姻届を提出しても，通常は戸籍事務官のチェックにより重婚はできない。

　ただし，離婚が無効となった場合，つまり，ＸとＹは離婚し，ＸはＡと再婚したが，離婚が何らかの理由で成立しなかった場合，ＸＹの婚姻が継続したままの状態となり，ＸＹの継続した婚姻とＸＡとの再婚とが重婚になる可能性はある。その他，失踪宣告を受けた配偶者が生存していた場合や戸籍事務官のチェック漏れの場合など，かなり少ないが重婚となる可能性はある。

☆補足 「失踪宣告」とは

　　失踪宣告の内，重婚の禁止を理解するために必要な部分を説明すると，たとえば，船の事故などで長期間，配偶者が行方不明となり，生死が分からない場合がある。その場合，何年も帰りを待つこともできるだろうが，事故の状況から，おそらく死亡していると思われる場合でも，配偶者の死亡が確認できない限り，婚姻は継続することになる。そうすると，重婚はできないので，残された配偶者はいつまでも再婚の道を選択できない。これは残された配偶者の残された人生を考えると，厳しい現実といえるだろう。そこで，**失踪宣告**を行うことにより，行方不明の配偶者を死亡したものとみなして（31条），婚姻関係を解消させ，残された配偶者が再婚する道を開くのである。

③ 再婚禁止期間

　重婚は禁止されているが，離婚や死別した後，再婚することは自由である。

　しかし，女性に限って，婚姻の解消や取消しの日から100日を経過した後でなければ再婚はできないとされている（733条１項）。女性に限っていることから，男女平等に反し，「離婚に対する罰」を女性にだけ負わせているという意見もあるが，この規定は，**子の父**を明確にするという意味がある。

　つまり，離婚してすぐその日に女性が再婚し，子が生まれると，生まれた子の父親が「離婚した男性」なのか「再婚した男性」なのかが分からなくなるため，女性に限って**再婚禁止期間**を設けているのである。

　ただし，離婚した夫と再婚する場合は，夫は同一人物であるから再婚禁止期間の適用はない。また，「前婚の解消又は取消の時に懐胎していなかった場合」，分かりやすくいうと，女性が離婚した時に妊娠していていない場合，再

29

婚後の子の父は「再婚した男性」と明確になるため再婚禁止期間の適用はない。同様に妊娠している間に離婚し，出産した場合，その子の父は「離婚した男性」と推定される。そして，出産後すぐに再婚して妊娠しても，その子の父は「再婚した男性」となるから，再婚禁止期間は適用されず，出産した日に再婚できる。いずれも子の父親が誰であるかという混乱が生じないために認められるのである。

再婚禁止期間については，いろいろな問題が浮上している。たとえば，離婚する前に夫と性的関係があるのかという疑問や，医学的見地からの妊娠の有無だけで十分ではないかなどの批判がある反面，父親が不明となる苦労は子が負うのであるから，再婚禁止期間には理由があるという考え方もできる。

④　近親婚の禁止

親と子・おじとめいといった親族として近い関係にある者同士では婚姻できない。具体的には，**直系血族**や**3親等内の傍系血族**，**直系姻族**の間では婚姻できないということになる（734条～736条，第2章1(2)参照）。法定血族である「養子・養子の配偶者やその子」と「養親」も婚姻できない。

注意すべき点として，姻族関係が離婚などによって終了したり，養子縁組が終了して親族でなくなっても，この近親婚の禁止は継続するので，一度，姻族関係や養子縁組をすれば近親婚はできないことになる。

近い親族間の婚姻を認めないことは，何となく常識となっているが，法律に規定されているものであり，その理由としては倫理的な理由と優生学上の理由があるとされる。

ⅰ　**倫理的理由**　　血族間，たとえば，親と子や兄弟姉妹が婚姻するのは倫理的におかしく，夫婦・親子からなる家族という社会を混乱させることなどが理由となる。たとえば，親Aと子Bが婚姻すれば，AにとってBは配偶者であるとともに子となり，BにとってAは親であるとともに配偶者となる。そして，そのAB間に子ができれば，関係はさらに複雑になるので，かなりの混乱が予想されるのである。

ⅱ　**優生学的な理由**　　自然血族間での婚姻で子が生まれた場合，遺伝子的に問題が発生しやすくなるといわれている。俗に「血が濃くなる」といわれたり

もするが，わが国のみならず他国でも近親婚を避ける理由の1つとされている。

ただし，「養子」と「養親の実子」は婚姻できる。たとえば，Xの実子Aと，Xの養子Bの家族，つまり，Xと子ABがいる家族を想定すると，AとBは兄弟姉妹であるが婚姻できるということになる。これは，優生学上の問題がないことや，たとえば，夫婦と一人娘の家族が，男性を養子として迎え，養子となった男性と一人娘を婚姻させる（俗にいう「婿養子」）という慣習が，昔からわが国にあることが大きく影響している。

☆コメント　「婿養子」にする訳

　　なぜ，男性を養子にしてから，実の娘と婚姻させるのか。理由はいろいろあるかもしれないが，最大の理由は，養子にすることによって男性の「氏」を養親夫婦の「氏」にすることが考えられる。つまり，古くから続く「家」の「氏」を絶やさないために，このような方法が取られるのである。婚姻する際，夫と妻のどちらの「氏」を名乗るかは自由に決定できるが，実際，ほとんどが夫の「氏」を名乗るため，代々続いている「家」に女の子のみが生まれた場合，「家」の名を絶やしたくないという願いが現代にも受け継がれているのである。「家制度」的で駄目だということもできるが，長い歴史を持つわが国の1つの伝統・文化的特徴ともいえる。

⑤　父母の同意

　未成年者の婚姻には**父母の同意**が必要となる（737条）。これは未成年者の判断能力不足などを考慮した規定である。

　しかし，父母の同意はそれほど重要視されているとはいえない。というのは，今までみてきた婚姻適齢や重婚の禁止などによって禁止された婚姻をした場合，744条でその婚姻の取消請求ができると規定されている。つまり，「こういう場合，婚姻はできない」という「婚姻障害」を無視して婚姻した場合，「ダメなものはダメ」と婚姻を取消すことができるのである。しかしながら，未成年者の父母の同意はこの**取消請求の対象**とされていない。だから，未成年者の父母の同意がない婚姻届がそのまま受理されてしまうと婚姻は取消すことができず，結果的に，有効な婚姻となってしまうのである。未成年者の判断能力不足に配慮した父母の同意であるが，取消すことができなければ，未成年者の判断を認めるのと同じことになる。ただ，成年年齢が20歳から18歳に改正さ

れ，婚姻適齢も男女共に18歳になるので，「父母の同意」は存在意義をなくす。

(3) 形式的要件

ここまでは婚姻を成立させるために必要な要件（実質的要件）をみてきたが，婚姻を成立させるには，もう1つの要件として**形式的要件**が必要とされる。これは単純に**婚姻届を提出**すること（739条），つまり，形式を整えて婚姻届を提出することであると考えて良い。いくら夫婦のような生活をしていても，婚姻届を提出していなければ法律上の婚姻とは認められない。

婚姻の届出は，婚姻する男女と成年に達している二人以上の証人が署名・押印した書面を本籍地か所在地の市役所または町村役場に提出することが必要となる。書面ではなく口頭で婚姻届に記載する内容を述べても良いとされているが，ほとんどが書面による提出である。

☆コメント　婚姻届などの「不受理申出制度」

婚姻届を受ける戸籍事務官は，提出された書面に対して形式的審査権，つまり，記入漏れがないかといった単純なチェックをする権限しかないため，本来なら受理してはいけない届出でも受理してしまうことがある。そうすると，勝手に婚姻届が提出されてしまい，本人の知らない間に婚姻してしまっているということもありうる。そこで「**不受理申出制度**」が創設された。この制度によって，勝手に婚姻届などが提出される恐れがある場合，不受理の申出をしておけば，本人の意思に反した届出は受理されないことになる。ただし，婚姻届などの場合は，運転免許証など写真付きの証明書で本人確認を行うので，ウソの届出がされないように注意が払われている。どちらかといえば，離婚でもめている場合に勝手に離婚届が提出されないように「不受理申出」をする方が有益といえよう。

3　婚姻の無効と取消し

法律を学ぶときに，1つのことを違う角度から考えてみるのは，理解を深めるために役立つので，婚姻を成立させるための要件を逆の角度から，つまり，婚姻が成立しない場合についてみていきたい。婚姻そのものが成立しない場合の説明であり，婚姻した後の「離婚」ではないので注意してほしい。

第3章　夫婦になるには：婚姻

(1)　婚姻の無効

「**無効**」というのは，簡単にいうと，はじめから効力が生じない，つまり，「なかったこと」にするということである。たとえば，AがBにCの殺害を依頼する契約をしても，そのようなAとBとの契約は，はじめから効力を持たず無効ということになる。

では，婚姻はどのような場合に無効になるかというと「**人違いその他の事由**」によって婚姻意思がない場合（742条1号）と婚姻届を提出しない場合（742条2号）が規定されている。

婚姻するのに「人違い」は考えにくいが，たとえば，**結婚詐欺**の場合，まったく別人ということは考えられる。また，「婚姻する前はこんな人ではなかった」というような性格などの思い違いは，少なくとも婚姻時に婚姻意思はあったので，「人違い」による婚姻の無効ではなく離婚の問題となる。

「その他の事由」は，たとえば，婚姻届が勝手に提出されたり，子を嫡出子にするために提出された場合などが考えられる。いずれにせよ，「**婚姻意思**」という実質的要件がないのであれば婚姻は無効となる。

次に，婚姻届を提出しない場合であるが，そもそも届出がされていないのだから，無効というよりも婚姻そのものが**不成立**と考えて良いだろう。

(2)　婚姻が無効になると

婚姻が無効になると，はじめから婚姻自体がなかったことになる。この無効は，裁判所に訴えて婚姻の無効を認めてもらわなくても，誰にでも無効であると主張することができるため「当然無効」と表現される。ただし，一度，婚姻届が提出されて戸籍に夫婦として記載されると，それを訂正するためには裁判所の許可が必要となる。

はじめから無効な婚姻となるので，子どもが生まれていても法律上の夫婦間の子，つまり，嫡出子とはならない。

しかし，たとえば，婚姻意思のないAとBとの間に子が生まれ，それを機会にAが勝手に婚姻届を提出したと仮定する。このような場合，婚姻は無効となり，子は法律上の夫婦間の子ではない非嫡出子となる。しかし，Bが婚姻届の

提出されたことを知って,「それでも良い」と認めた場合,つまり,Aが勝手に提出したのだから,本来,Bには関係ないが,Bがその提出された婚姻届を有効な届出だと認めれば（「**追認**」という）,婚姻ははじめから有効とされる。

このように,家族法関連では,法律の求める順序,たとえば,婚姻届を提出して夫婦となってから子が生まれて,といった順序どおりにはいかず,事実が先行する,つまり,子が先に生まれて,その後に婚姻するという順序をたどる場合などが多いので,注意が必要となる。

(3) 婚姻の取消し

① 取消しの遡及効

婚姻が成立しない場合として「無効」の他に「**取消し**」がある。婚姻の無効がはじめから婚姻がなかったことになるのに対して,婚姻の取消しは,取消しが決まれば,その決まった時点から婚姻がなかったことになる（748条）。つまり,取消すまでは有効な婚姻として法律上の夫婦関係が続き,取消しが確定したときから婚姻の効力が失われるということである。このようにはじめにまでさかのぼって影響を与えないことを「**遡及効がない**」という。

☆補足 「遡及効」について
　　見慣れない文字であるが,「過去に『さかのぼって』考えてみる」という場合,漢字では「遡って」と書く。だから,漢字の意味そのままに,「遡及効」とは「遡って（さかのぼって）影響を及ぼす（およぼす）効力」があるかないか,ということである。法律関係では「漢字」が嫌われ者となりやすいが,案外,「そのまま」の意味内容の場合が多いので,手間はかかるが意味を調べてみてほしい。

② 取消しの要件

婚姻を取消す原因としては,婚姻障害,つまり「婚姻適齢,重婚の禁止,再婚禁止期間,近親婚の禁止」の規定に該当する場合と**詐欺・強迫**によって婚姻した場合がある（743条から747条）。

詐欺・強迫の場合,取消しを訴える権利である**取消権**を持つのは,詐欺・強迫された当事者のみとされている。これは,詐欺などにあった当事者本人を保護するためといわれている（「**私益的取消し**」）。

第3章　夫婦になるには：婚姻

　一方，婚姻障害に関係する場合は，当事者・親族・検察官が取消しを請求できる。本人や家族以外に検察官が取消しを請求できるのは，婚姻障害の内容，たとえば，重婚の禁止を守ることは，わが国の公益を守ることになるので，このような婚姻を取消す権利を，公益を守る立場である検察官にも認めているのである（「**公益的取消し**」）。

(4)　取消権自体がなくなる場合

　婚姻障害事由でみたように，数字的問題が婚姻の取消しの対象となるので，その数字的問題が解消すれば取消権自体もなくなってしまう。たとえば，再婚禁止期間の100日を経過すれば，取消しを請求できない（746条）。再婚禁止期間を過ぎれば再婚は自由なので，たとえ取消したとしても，すぐに再婚するだろうから取消す意味がない。ただし，近親婚の規定は，親族はいつまでも親族であるので婚姻障害の消滅はなく，取消権はなくならない。

☆ちょっと考えてみよう　「再婚禁止期間」について

　再婚禁止期間については，女性だけが対象となるため批判が多い。女性の立場，男性の立場，父の立場，母の立場，そして，子の立場。それぞれの立場で答えは変わるかもしれない。この再婚禁止期間について，ちょっと考えてみてほしい。

　考えの材料を以下にあげる。

　「平等に反する」「平等には反しない」「禁止期間を廃止する」「禁止期間は必要だ」「子どもに対する配慮」「母として子の幸せを考えれば当然」「禁止期間は離婚の罰なのか」「男性も禁止期間を設ける」「DNA鑑定をすれば良い」などいろいろな考え方があると思うので，ちょっと考えてみてほしい。

　ちなみに，最高裁判所は，この期間を「父性の推定の重複を回避し」「父子関係をめぐる紛争の発生を未然に防ぐ」ために必要と判断している（最判平成7・12・5判時1563・81民法百選Ⅲ5〈初版〉，最判平成27・12・16判時2284・20民法百選Ⅲ5〈第2版〉）。

　余談となるが，次のような考え方もできる（答えを示している訳ではない）。

　男女平等。当然，男女は平等な扱いを受けなければならない。女性だからダメとか，男性だから良いということはあってはならない。しかし，「平等」という言葉も難しい。すべてを同じ扱いにすると考えるなら「平等」が「不平等」を生みそうだ。たとえば，スポーツなどでは男女別々で競技しないと，女性は圧倒的に不利である。「男女平等に競技します」と宣言されて，その男女平等が男女関係なく競技

35

するということになれば，オリンピックの金メダルはほとんど男性のものとなるだろう。これは，女性が男性よりも劣っている，という話をしているのではない。同じ「ヒト」であっても，生物として筋肉や身体の組織が違うのであるから，優劣や差別ではなく「区別」という言葉が当てはまるかもしれない。

　結局のところ，迷惑を被るのは子であるから，子の利益・福祉にとってどのような対応がもっとも優れているのかを議論することが重要だろう。

☆じっくり考えてみよう　「再婚禁止期間」を100日に

　最高裁判所は平成27（2015）年12月16日にこれまでの再婚禁止期間の6ヶ月（約180日）は100日で十分だと判決を下した。少し難しいが，じっくり考えてほしい。

　772条2項は，「婚姻の成立から200日を経過した後」または「婚姻の解消から300日以内」に生まれた子は，婚姻中または婚姻していた夫婦の子であると推定する。

　たとえば，A女とX男が婚姻して夫婦になったとすると，婚姻して200日を経過してから子が生まれれば，その夫婦の子と推定される。そして，AXが離婚してしまっても，その離婚後300日以内にAが子を産めば，別れたXとの間の子と推定される。婚姻・離婚の時期と夫婦の子であるという推定には期間的なズレがある。

　そこで，A女がX男との離婚と同時にY男と再婚したとすると，［AYの再婚後200日を経過した後に子が生まれれば，その子はAYの子と推定される］［AXの離婚後300日以内に子が生まれれば，その子はAXの子と推定される］ということになる。ここでは離婚と再婚は同じ日という前提なので，［離婚・再婚の日から200日経過した日から300日以内の100日間に生まれた子は，AY・AX両方の子として推定される］ということになり，子にとって，どちらが父かという重要な期間となってしまうのである。

　そこで，Aが離婚してから「100日」経過するのを待って再婚すると，「100日」プラス再婚後200日を経過した後，つまり，合計300日を経過した後に生まれた子は再婚したAYの子と推定されることになるので，［Aの離婚後「100日」プラスAYの再婚後200日の合計300日経過した後に子が生まれれば，その子は再婚したAYの子と推定される］ということと，［AXの離婚後300日以内に子が生まれれば，その子はAXの子と推定される］ということになるので，離婚の日から300日以内に生まれれば離婚したAXの子，300日を経過した後に生まれれば再婚したAYの子と推定されることになり，混乱はなくなる。

　だから，再婚禁止期間の6ヶ月（約180日）は，「100日」の禁止期間で十分な長さであると判断されたのである。「100日」となれば，約180日よりも80日早く再婚できるのであるから，女性には歓迎されるであろう。

　離婚後・再婚後など混乱するかもしれないが，じっくり考えてみてほしい。

第 3 章　夫婦になるには：婚姻

図　再婚禁止期間

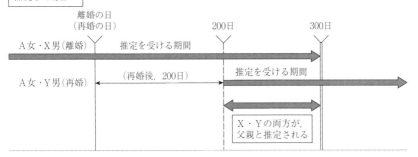

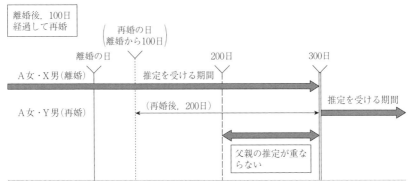

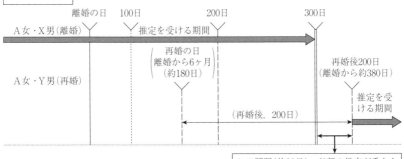

第4章　夫婦になったら：婚姻の効果

1　夫婦になったことによる効果

　婚姻届を提出すれば，晴れて夫婦としての生活がはじまる。夫婦で生活する場所を確保し，家具や食器類をそろえるだけでなく，電気やガス，水道といった生活に欠かせない準備をするのは意外と手間のかかるものであり，費用（お金）もそれなりに必要となってくる。その上，互いの親や兄弟姉妹との関係も婚姻前とは異なり，親族として，より深いものとなるはずである。楽しいことも戸惑うこともあるかもしれないが，新しい生活をはじめるためにやり遂げるべきことは沢山ある。

　さて，わが国では婚姻するために婚姻意思のあることや婚姻届の提出が求められるのであるから，法律上の婚姻をして夫婦となれば，その夫婦に認められる法律上の効果が発生する。この婚姻による効果には大きく分けて**身分上の効果**と**財産上の効果**があるので，具体的にみていく。

2　婚姻による身分上の効果

　婚姻の効果として，当然ながら夫と妻はそれぞれ**配偶者**となり，お互いの血族との姻族関係も発生する（第2章1⑵参照）。また，夫婦の子は**嫡出子**となる。この他にも，民法には身分上の効果が定められている。

(1)　夫婦同氏の原則
①　夫婦の氏
法律上の夫婦となるためには婚姻届を提出しなければならないが，その際，夫または妻が婚姻前に名乗っていた「氏」のいずれかを選択して，婚姻後に名

乗る「氏」を決めなければならない（750条）。新たな「氏」を考え出すことや夫と妻の「氏」を合体させることはできない。つまり，山田さんと鈴木さんが婚姻して「田中」と名乗ることや「山田鈴木」と名乗ることはできないのである。夫または妻のどちらの氏を選択しても良いのだが，実際のところ約98パーセントが夫の氏を選択している。

　夫婦が同じ氏を名乗るのは，夫婦であることが分かりやすく，戸籍の作成や人物の特定が容易であるなどの実質的な側面や家族としての団結，とくに生まれてくる子との連帯感といった側面も理由となるだろう。

②　夫婦同氏の問題点

　しかし，問題となるのは妻となる女性の多くが氏を変更するという事実であり，婚姻すれば夫の氏を名乗るということが，半ば常識化してしまっていることである。法律に沿った婚姻による夫婦同氏の原則が，女性の社会進出の妨げになったり，それまで築き上げてきた社会での実績や信用を中断させたり，また，各種免許やパスポートの名義変更の手間を取らせるなど，何らかのマイナス影響を与えることは望ましくないといえよう。

　そこで，旧姓，つまり，婚姻前の氏を仕事などで使い続けることも1つの方法であるが，**選択的夫婦別氏制度**を導入することも検討されている。この選択的夫婦別氏制度というのは，夫婦が別の氏を名乗る，つまり，婚姻の際に夫婦のそれぞれが元々名乗っていた氏をそのまま名乗ることを選択できるという制度である。この制度が採用されれば，婚姻はしたいがそれぞれ元々の氏を名乗り続けたいと考えているカップルにとっては，男女双方とも婚姻前の氏をそのまま名乗ることができるので問題は解決する。

　しかしながら，夫婦別氏によって，子どもの氏と父親もしくは母親の氏が異なるという新たな問題が発生する。夫婦が別氏を選択する場合，生まれてくる子をどちらの氏にするのかは，あらかじめ決めておくことになり，諸外国ではこのような制度を採っている国もあるようである。しかし，わが国に定着している家族は同じ氏を名乗るという一般的感覚に対して，社会が受け入れることができるのか（とくに子どもたちの社会である学校や友達関係でスムーズに受け入れられるのか），十分に議論が必要である。

(2) 同居・協力・扶助義務

夫婦は同居して，お互いに協力し扶助しなければならない（752条）。婚姻するからには当然のように思われるが，法律に定められた義務である。

① 同居義務

夫婦は**同居**しなければならない。同居する場所は夫婦で決めることになるだろうが，婚姻意思をもって一般的・社会的に認められる夫婦になることを選択したからには，経済的・性的共同生活を営むことになる。そのため，同居することは，いわば当然のことである。

それゆえに，夫婦の一方（たとえば夫）が夫婦で決めた場所に同居せず，いわゆる別居をした場合，夫婦の他方（妻）は，家庭裁判所に調停・審判の申立てをすることができる。しかし，裁判所が，同居しない夫に同居を命じたとしても，強制的に夫を家に連れ戻すことができるだろうか。残念ながら，何らかの理由で同居しない夫婦の一方を無理に同居させても，良好な結果は期待できないだろう。また，「夫婦の同居」という性質上，強制的に同居させることは許されないとされている（大決昭和5・9・30民集9・926参照）。最終的に，夫が同居に応じなければ，妻には離婚原因（770条）が認められる，つまり，妻は「夫が同居義務を守らないこと」が離婚の原因であると主張できることになるのである。

ところで，すべての夫婦が常に同居しているかといえば，そうではない。夫婦の一方の単身赴任，海外勤務，または，一方が病気になり入院が必要となる場合や高齢の親を介護するために夫婦の一方が親と同居するといったこともある。このような場合，夫婦の同居義務に違反しているといえるだろうか。たしかに「同居する」という義務は果たしていないが，夫婦としての生活は維持されており，生活の向上を目指すための明確で相当な理由がある別居の場合は，同居義務に反するものではないと考えられる。

② 協力義務

夫婦が共同生活を維持・向上させていくためには，**協力**し合うことが必要である。いくら同居していても，お互いが無関心で協力する姿勢がなければ夫婦共同生活とはいえない。しかし，夫婦によって協力の度合いや必要性は異なる

ので，具体的にどのような場面において協力義務があるかということは明確に決めることはできない。しかも，たとえば，夫のダイエットに妻が協力せず沢山の料理を作るということが問題となり，夫が裁判所に訴えた場合，裁判所が妻に協力義務を命じることは現実問題としておかしいだろう（ただし，このような場合に夫が妻を訴える時点で夫婦関係は壊れているだろうから，後で詳しく説明する離婚の原因となりうる）。だから，この協力義務は良好な夫婦関係のためにお互い協力しましょうという理想を示しているといえる。

③ 扶助義務

扶助義務というのは，夫婦の共同生活における**経済的な協力**を義務づけるものである。経済的な問題は夫婦それぞれの生活環境や財産，収入などによって大きく異なるだろうが，自分と同じくらいの生活水準を配偶者に保障する義務（**生活保持義務**）と考えられている。

> ☆補足 「生活保持義務」と「生活扶助義務」
>
> 　「生活保持義務」は，自分と同等の生活を相手に保障するものであるが，「生活扶助義務」は，自分に経済的な余裕がある範囲において生活を援助する義務である。この「生活扶助義務」は，後で説明する親族間での扶養義務，つまり，親族が生活に困っている場合に助ける義務として登場する。漢字を混乱させないように注意してほしい。

(3) 成 年 擬 制

未成年者でも婚姻適齢（731条），つまり，男性18歳，女性16歳になっていれば婚姻できる（改正により平成34（2022）年からは男女共18歳になる）。

ところで，原則として，未成年者が法律行為（たとえば，家を借りたり，車を買う契約を行うこと）をするには，法定代理人（親やそれに代わる者）の「同意」が必要となる（5条1項）。未成年者は社会経験が少なく，思わぬ不利益を受ける場合があるため，未成年者の保護としてこの同意は重要である。たとえば，未成年者が親（法定代理人）の同意なしに車などを買う契約（法律行為）を勝手にしてしまった場合，その契約は原則として取消すことができる（5条2項）。

そうすると，未成年者が婚姻した場合，夫婦生活をはじめるために家を借り

たり家具を買ったり，いろいろな契約をするときに，いちいち親の同意が必要となってしまう。たしかに，未成年者の保護は必要であるが，これでは婚姻して共同生活をはじめる夫婦の独立性がなく，何をするにも不便である。

そこで，未成年者が婚姻した場合には，「**成年**」に達したものとみなされ（753条），親の同意がなくても契約などができる。これが**成年擬制**である。

しかし，いくら「成年」とみなされたとしても，それは法律行為を行う能力について成年とみなされるだけであるので，飲酒や喫煙については20歳未満禁止のままであるから，飲酒・喫煙は許されない。ただし，この成年擬制も成年年齢が18歳となり，婚姻適齢も男女共18歳になるので不要となる。

(4) 夫婦間の契約の取消権

① 契約の一般原則

たとえば，Aが高価な宝石を衝動買いしてしまったとする。衝動買いとはいえ，正当な契約（売買契約）であり，当事者であるAにも宝石店にも問題はない。もちろん，宝石にも問題はない。このような場合，契約の無効または取消す原因があれば，契約を「なかったこと」にできるだろうが，適正な契約をした限り，契約を「なかったこと」にはできない。これが**契約の一般的な原則**である。たとえAが「高価だった」と後悔したとしても，宝石店側にすれば適正な契約により販売したのであるから，簡単に「なかったこと」にされてしまえば「損」ばかりしてしまう。宝石店が好意的に取消しに応じてくれない限り，契約した当事者は互いに契約を守らなければならないのである。

② 夫婦間の契約

それでは，法律上の夫と妻との間の契約はどうなるだろうか。たとえば，夫が自分名義の土地を妻にあげる契約（「贈与契約」という）をしたとする。「契約」の一般原則からすれば，契約どおりに土地は妻のものとなるはずである。

しかし，民法は，夫婦が婚姻中にした夫婦間の契約を，婚姻中，いつでも，しかも一方的に取消すことができると規定している（754条）。これを**夫婦間の契約の取消権**という。だから，夫婦間での土地の贈与契約は，夫が「やめた」といえばそれで「なかったこと」になるのである。ただし，第三者の権利を害

することはできない（同条ただし書）ので，たとえば，この土地の権利が，妻から第三者に移っていたとすれば，夫の取消権は行使できないということになる。（ただし，土地などの場合は登記などの問題もからんでくるので，あくまでたとえ話である。）

夫婦間での契約を取消すことができる理由としては，婚姻中の夫婦であれば愛情の表現として，通常ではないような契約がなされたり，夫婦の一方の圧力によって契約がなされたりすることがあり，自由な意思による契約が行われない場合が考えられるからである。また，夫婦間の契約に法律や裁判所が介入すれば平穏な家庭生活に悪影響を与える，といった理由もあげられる。

③　夫婦間の契約取消権に対する批判

ただ，この取消権に対する批判は多い。夫婦間とはいえ契約の一般原則を破ることには疑問があり，たとえば，愛情による契約は，良好な夫婦関係であれば実現するのも取消すのも問題は起こらないだろう。しかし，圧力による契約であれば，良好な夫婦関係とはいえない場合もあり，取消権が悪用されかねない。また，夫婦間の問題に法律は介入しないというのであれば，逆に契約の一般原則に従い，契約をお互いに守る方が妥当であるともいえる。

いずれにせよ，良好な夫婦関係であれば，夫婦間での契約取消し自体があまり問題にならないといえよう。

④　夫婦関係が破綻している場合の取消権

そこで，この取消権が問題となるのは，夫婦の関係が壊れている場合，つまり，夫婦関係が破綻している場合である。

☆例　示

　　夫が妻に土地を贈与する契約をして円満な夫婦生活を目指したが，その後，夫婦関係が破綻し離婚のための訴訟が行われた。そこで，夫は，婚姻中であれば契約の取消しが可能であるため，離婚が成立する前に土地の贈与契約の取消しを求めた。この夫婦間の契約は取消せるだろうか。
（この例示の元は最判昭和42・2・2民集21・1・88）

この例示のような場合，まず，契約の取消しを求める時点で夫婦の関係は良好とはいえない場合が多い。そして，取消権を行使できるのは「婚姻中」と規定されていることから（754条），この場合の「婚姻中」の解釈が重要となる。そこでこのような場合，形式的に婚姻届が提出されて婚姻が継続しているだけでは「婚姻中」とはいえず，**実質的に夫婦共同生活が続いている**ことが求められる。よって，夫婦関係が破綻している場合，取消権は行使できないと考えられるのである。実際，この例示の元となった裁判においても，婚姻関係が実質的に壊れているので契約の取消しを認めなかった。

☆補足 「同条」と「ただし書」

　　まず，「同条」というのは，直前に出てきた条文を指す。条文の内容などを説明するとき，同じ条文を何度も書き表さずに「同条」とするのである。ここでは754条を説明しているが，たとえば，「754条は……，とはいえ754条では……。」とせずに，「754条は……，とはいえ同条では……。」とするのである。

　　次に「ただし書」は，条文の「条」「項」「号」の文章の中に例外的な内容を設けるときに使われる。たとえば，「夫婦間でした契約は，婚姻中，いつでも，夫婦の一方からこれを取り消すことができる。ただし，第三者の権利を害することはできない」，つまり，夫婦間の契約は取消すことができるが，第三者が関係するときは駄目だ，という例外を示す。条文の内容にとって大きな影響を及ぼす場合があるので注意が必要である。

(5) 貞操義務

　民法に婚姻の効果として貞操義務（分かりやすくいえば「浮気」をしてはいけないということ）を定めた規定はないが，770条1項1号が「不貞行為」，つまり，配偶者に対して貞操を守らない行為をした場合，離婚の原因になると定められているので，結果的に，婚姻の効果として貞操義務があるとされている。夫婦となったのであるから当然の義務といえるが，離婚の最大級の原因であるのは周知のとおりである。

① 不貞行為の慰謝料

　貞操義務で問題となるのは，たとえば，夫が妻以外の女性Aと不貞行為をした場合，妻はAに対して慰謝料請求ができるかどうかである。裁判所は，妻と

して，夫に貞操義務を求める権利を侵害する行為（不法行為）があったという
理由などから，Aに慰謝料の支払いを命じる判決を出すことが多いようであ
る。しかし，学説では，裁判所の判断を支持するものと，逆に，夫の意思決定
によって不貞行為が行われたのであるから，Aは妻に対して責任を負わないと
するものがある。たしかに，Aが夫を「だます」などして関係を持った場合を
除けば，夫の浮気の代償をAに負わせることには疑問があるといえよう。

② 婚姻破綻後の不貞行為

ところで，婚姻関係が**破綻している場合**にも，貞操義務を求める権利を侵害
する行為，つまり，浮気をすることは配偶者に対する不法行為だ，といえるの
だろうか。この問題に対して最高裁判所は「婚姻共同生活の平和の維持という
権利又は法的保護に値する利益を侵害する行為」こそが，配偶者の権利を侵害
する行為となるのであり，婚姻関係が破綻している場合は，ここでいう権利や
利益は存在していないといえるので，婚姻関係破綻後の不貞行為を，権利を侵
害する行為（不法行為）とは認めなかった（最判平成8・3・26民集50・4・993民法
百選Ⅲ11〈第2版〉）。つまり，婚姻関係が破綻していれば，貞操義務は強い効力
を持たないといえるのである。

3　婚姻による財産上の効果——夫婦財産制

夫婦として共同生活に入れば，日々の生活の中で「お金」は必要不可欠とな
る。夫婦の双方または一方の収入により生活することになるだろうが，もちろ
ん，夫も妻もそれぞれの財産，つまり，結婚する前から貯めていた預貯金や
車，宝石，中には親から譲り受けた資産（土地や建物など）を持っていることも
ある。そうすると，婚姻して夫婦共同生活がはじまれば，それぞれの財産は
「夫婦のもの」となるのか，また，日々の生活費は夫婦でどのように負担する
のか，という「お金」に関する問題を避けては通れなくなるのである。

そこで民法には，夫婦の財産に関して夫婦で契約を結ぶ制度（**契約財産制**）
があり，この夫婦間の契約を結ばなかった場合や，この契約に含まれなかった
財産関係がある場合には，法律が定めた制度（**法定財産制**）が準備されている。

(1) 契約財産制

　夫婦となる前に，それぞれの財産の管理や婚姻中の費用だけでなく，離婚した場合の財産の分配などについても取り決めができる（755条）。これを契約財産制または**夫婦財産契約**という。この契約は，婚姻届の提出前に取り決めなければならず，また，法務局にその内容を登記しなければ第三者などに契約した内容を主張できない（756条）。とくに，婚姻前に契約しなければならない理由としては，婚姻中に財産に関する契約をしても，夫婦間では自由に取消すことができる（本章2(4)参照）からだと考えられる。また，原則として婚姻届の提出後は契約内容を変更できない（758条）。

　「婚姻届提出前の契約」，「登記が必要」，「内容変更ができない」，というこの契約財産制は非常に不便である。ましてや，婚姻前に離婚後の財産について検討するというのは，一般的感情からもかけ離れている。結果として，この契約財産制は，ほとんど利用されておらず，しかも，一般にはあまり知られていないというのが現状である。

(2) 法定財産制

　夫婦による契約財産制がほとんど利用されていないことから，多くの夫婦が**法定財産制**に従うことになる。

① 夫婦の財産

　夫婦のそれぞれが婚姻前から持っている財産や婚姻中に自分のものとして取得した財産は，夫婦それぞれの**特有財産**，つまり，それぞれが単独で持つ財産となる（762条1項）。夫婦といえども，独立した個人であるから，夫婦別々に得た財産は，夫婦それぞれに帰属し，管理するということになる。ただし，夫婦として生活していく中で，夫婦のどちらに帰属するものか明らかでない財産も出てくる。その場合は，夫婦の**共有財産**，つまり，夫婦双方の財産と推定されるのである（同条2項）。

　しかし，夫婦が共に働き，収入を得ている場合は，それぞれが自分の収入で「モノ」を購入してそれぞれの特有財産を得るだろうが，夫が働き収入を得る一方，妻は専業主婦として家事に専念する場合に問題が起こる。たとえば，妻

第4章　夫婦になったら：婚姻の効果

の化粧道具も夫の収入で購入することになるので「夫のモノ」になるとすれば，すべてが収入のある者の特有財産となってしまう。

　このような問題に対しては，離婚の際に財産が分けられる財産分与制度や配偶者の相続権，夫婦の扶助義務（本章2(2)③参照）などによって，ある程度は夫婦間のバランスを取ることができるとされている。しかし，婚姻中の夫婦の財産バランスを考える際に，離婚による財産分与を持ち出すのは，現実的であるかもしれないが，おかしな話である。妻による家事や子育て，夫の収入に対する「やりくり」によって，夫婦の共同生活が保たれていることは紛れもない事実であるから，家事労働に対する評価が必要となる。

　そこで有力な学説（種類別帰属説などと呼ばれる）は，夫婦の財産を3種類に分けて考えることにより，多くの財産を夫婦共有にすることを検討している。

　(a)　第1種類目は，婚姻前から持っている財産，婚姻中に贈与・相続により得た財産，夫婦の一方が自分専用に使うために購入した財産など，夫婦の一方が所有すると考えられる財産が当てはまる。762条1項の特有財産に当たるものであり，妻の化粧道具などもこの種類に入る。

　(b)　第2種類目は，夫婦の共有の財産であり，共同生活に必要な家財・家具などが当てはまる。たとえ夫の収入により購入した家具であっても，共有の財産と考えられるのである。

　(c)　第3種類目は，夫婦の一方の名義となっている家や土地，預貯金などであっても，実質的に夫婦の共有財産とみられるものが当てはまる。一方の名義となっているが，夫婦双方で資金を出し合っている場合もあれば，資金の実質的負担がなくても，家事労働で十分な貢献をしていると考えられる場合もあり，多くの財産が夫婦の共有と判断されることになる。

②　婚姻費用の分担

　夫婦となれば，それぞれの財産や収入などを総合的に考えて夫婦共同生活に必要な費用（**婚姻費用**）を分担しなければならない。婚姻費用とは，衣食住の費用や教育費，医療費など生活に必ず必要な費用から，相当な範囲での娯楽費・交際費なども含まれ，当然ながら，それぞれの家庭によって，その範囲や金額は異なる。ところで，夫婦の義務として経済的に協力する扶助義務があり

47

（752条），婚姻費用の分担（760条）と同じ意味合いの規定と考えられるが，752条は，夫婦の一般的な扶助義務の原則を規定し，760条は婚姻の費用の面を重視して規定していると考えれば良い。

さて，婚姻費用の実際的な分担であるが，具体的な金額を平等に分担することを求めているのではない。夫婦で話し合い，分担割合を決めれば良いし，夫婦の一方が家事に専念しているのであれば，その家事労働によって実質的に婚姻費用を分担していると考えても良い。仮に夫婦での話し合いで分担が決まらなければ，家庭裁判所が夫婦の収入などを考慮して決定することになる。

この婚姻費用の分担においても問題となるのが，婚姻関係が破綻し，別居している場合である。別居すれば水道光熱費など実際の費用は高くなるため，夫婦の一方が金銭面を負担している場合は，かなりの負担増となる。単身赴任などと違い，夫婦共同生活といえない状況であるから，別居にいたった理由などを考慮した分担額の調整が必要と考えて良いだろう。

③ 日常家事債務の連帯責任

日々の暮らしの中で，水道・電気・ガスはもちろん，毎日の食材や日用雑貨，衣服，相当な範囲での娯楽用品など，さまざまなものが必要となる。そして，必要なものをお店から買うということは，代金の支払い義務（債務）が発生するということになる。

そこで，夫婦の一方（たとえば夫）が，生活に必要なものをお店（第三者）から購入した場合，民法では，他の一方（妻）も代金の支払い義務（債務）を負うと規定している（761条）。これを**日常家事債務の連帯責任**という。夫婦双方が代金の支払い義務を負うことになるので，夫婦の一方を信用して取引したお店（第三者）の保護にもなるのである。

そうすると，どこまでが日常の家事となるかが問題である。当然ながら，夫婦の収入や資産，社会的地位や生活環境など，夫婦の事情が大きく関係することになるが，そうした夫婦の事情だけでなく，物品の購入や資産の売却といった法律行為の種類や性質からも客観的に判断しなければならないといわれている（最判昭和44・12・18民集23・12・2476）。よって，何が日常家事に当てはまり，何が当てはまらないかを具体的に例示することは難しいが，収入などから考え

第4章　夫婦になったら：婚姻の効果

て非常に高額な羽根布団や夫婦の一方の名義である土地を勝手に売ってしまった場合は，日常の家事にならないと考えられる。

☆ちょっと考えてみよう　「夫婦別氏」について
　「夫婦別氏」について考えてみてほしい。婚姻の際，夫・妻のどちらの「氏」を選択しても良いのだが，実質的に夫の氏が選択されている現状から，今のままの「夫婦同氏」が良いのか，「夫婦別氏」を認めるべきか，ちょっと考えてほしい。
　考えの材料を以下にあげる。
　「夫婦同氏」「夫婦別氏」「同氏・別氏選択制」「通称名の使用」「氏はどれほど重要か」「子の氏をどうするか」「離婚・再婚により，子の氏をどうするか」「離婚・再婚により，父・母・子がすべて違う氏となる可能性は」「親と子が別の氏を持つ場合，家族の連帯感は保てるか」などが考えの材料となる。
　余談となるが，たとえば，次のように考えることもできる（答えではない）。
　不利益を被る女性のために議論を重ねるのは当然であるが，結局のところ，子の氏をどうするのか，子と親の関係に何か問題が起こる心配はないだろうか，ということを重点的に考えるべきではないか。一般的に議論が高まり，多くの人が夫婦同氏制度の改正が必要だと考えるようになっても，子に対する議論が深まらなければ，改正による現実的な問題は深刻なものになるかもしれない。将来を担う「子」の利益を考えなければ，法律として，責任ある態度・対応であるとはいえない。
　諸外国では「夫婦別氏」としている国もあるが，だからといって，わが国もすぐに別氏にできるということではない。文化や歴史が異なるのであるから，綿密な検証が必要となる。ちなみに，「夫婦別氏」の国でも，それが男女平等という感覚ではなく，父方の氏の重視という場合がある。たとえば，夫は自分の父の氏を重視して父の氏を引き継ぎ，妻も自分の父の氏を重視して婚姻後も父の氏を引き継ぐという意味での「夫婦別氏」の場合もあるのである。そういう方法も，その国の文化，歴史，伝統であるのだから尊重すべき事実である。

49

第5章　婚約指輪のゆくえ：内縁でもいいですか

1　法律上の婚姻を取り巻く関係

　恋愛にせよ，お見合いにせよ，出会っていきなり婚姻届を提出することはないだろう。いろいろな手順があるだろうが，婚姻届を出す前に，「**婚約**」するのが一般的といえる。

　婚約という言葉はよく耳にするが，各地域によって，婚約のための儀式や方法，内容はいろいろなようである。また，代々続いている旧家などでは，現在でも，かつての格式を重んじる手法で婚約の儀式が行われているだろう。

　ただ，時代は変わり，かつてのような儀式は簡略化，もしくは儀式的なもの自体がなくなり，婚約といえば婚約指輪を渡すくらいのものであると認識されているのが現状といえる。また，一般的に，婚約指輪の購入価格は，給料3ヶ月分の金額を当てるなどといわれることもあるが，もちろん，それは各自の自由であるから，手ごろな価格の指輪だからといって，婚約指輪とは認められないと訴えを起こすことはできないと考えられる。

　次に，**内縁**もしくは**内縁の夫婦**という言葉も聞いたことがあると思う。「夫婦」という言葉が使われることから，婚姻との関係が深いと推測できるだろう。ただ，内縁に関する問題は，意外と難しく重要である。

　この章では，婚姻に関係する「婚約」や「内縁」が，法律的にどのように取り扱われているのかをみていくことにする。

2　婚　　約

　法律の要件を満たし婚姻届を提出すれば婚姻は成立するが，わが国では婚姻の前に「**婚約**」を行う場合が多い。その際に婚約指輪が渡されるとともに，今

では簡略化されることが多くなったが，**結納**や**婚約披露**が行われる。

（1） 婚約の成立
　婚約とは，「**将来の婚姻を約束すること**」である。つまり，婚姻の約束こそが婚約の重要な意味合いであり，婚約指輪や婚約の儀式，結納などは婚約に付随するものといっても良い。そうすると，婚約は，婚姻するためのはじめの第一歩といえるものであるが，しかし，婚姻について定めている民法にも**婚約の規定はない**。つまり，婚約は，法律により明確に内容や効果が規定されていないので，裁判所による判決・判例や学説がどのように扱っているのかをみていくことが重要になるのである。

　また，法律に規定がないということは，頼るべき基準がないのであるから，婚約が成立するためには，男女が誠心誠意，婚姻しようと考える，お互いの合意（大判昭和6・2・20新聞3240・4参照）が重要となる。形のないお互いの意思が重要であるからこそ，婚約指輪や結納といった儀式的な行為がなかったとしても婚約は成立することになる。そのため，たとえば，男女が，親などに内緒にしたまま，将来の婚姻を約束したとしても，婚約は成立していると考えられる。

（2） 結 納 と は
　婚約は将来の婚姻を約束することであるから，本人たちはもちろん，双方の親や親族にとっても喜ばしいことである。そこでお祝いの意味も含めて，**結納**が行われる場合がある。結納とは，婚約が成立した際の儀式および金品の授受のことであり，慣習上の行為であるため，地域によって儀式の方法などは大きく異なる。場所によっては，かなり手間がかかる場合もあるようである。しかし，必ず結納として金品や婚約指輪を渡さなければならない，という訳ではないので，結納が行われなかったとしても婚約に何ら影響はない。もちろん，結納が行われたという事実があれば，婚約があったと推定されるといえよう。

　婚約と同じく結納についても法律で規定されてはいないので，結納の法律的な性質として，裁判所は「婚約の成立を確証し，あわせて，婚姻が成立した場合に当事者ないし当事者両家間の情誼を厚くする目的で授受される一種の贈与

である」（最判昭和39・9・4民集18・7・1395）と判断している。つまり，「婚姻して親族となるので，これからも宜しくお願いします」という誠意の現れとして結納は行われる，ということである。「当事者両家」というところが昔の家制度を感じさせなくもないが，実際，婚姻して親戚付き合いすることになるのであるから，誠意をみせておく方が円満に事が進むということだろう。

☆補足 「習慣」と「慣習」
　　まったく違う意味という訳ではないが，少しだけ違うとイメージしてほしい。「習慣」は個人レベルというイメージで，朝の散歩を習慣にしている，といった感じである。一方，「慣習」は地域・社会レベルというイメージで，このあたりでは結婚式を盛大に行うのが慣習だ，といった感じである。

(3)　婚約の自由

　婚約は，当事者同士の将来の約束なのであるから，婚姻とは違う。だから，原則として，婚姻障害事由（第3章2(2)参照）に当てはまっていても，婚約の成立は妨げられない。たとえば，婚姻適齢を満たしていない15歳で婚約したとしても，実際，婚姻するときに年齢の問題をクリアしていれば良い。同じく，再婚禁止期間中であっても将来の婚姻の約束はできる。

　しかし，近親婚の禁止は，いくら時間がたっても解決できないので，これに違反する婚約は無効となる。また，問題となるのは，重婚の禁止に違反する婚約である。かつては，婚姻している者の婚約は，離婚を前提としているために公序良俗違反とされ無効となったが，現在では，婚姻関係が破綻している場合の婚約は有効に成立していると考えられているので，婚姻している者が，配偶者以外の者と婚約することもありうる。

(4)　婚約の効果と解消

　婚約は民法に規定されていないとはいえ，将来の婚姻を約束しているのであるから，当事者間の「契約」と考えられる。すると，将来，夫婦になるように努力する義務がお互いにあり，夫婦となれば，婚約はその目的を果たしたといえるのである。

とはいえ，婚約したからといって，無理に婚姻させるのは不適切である。そもそも婚約が当事者の意思の合意で成立するのであるから，婚約を解消するのも当事者の意思で決定するべきである。だから，将来，婚姻生活ができないような事由，たとえば，性格の不一致や暴力，虚言癖，借金問題などがあれば婚約が解消できる正当な理由と考えられる。

問題となるのは，正当な理由のない一方的な**婚約の破棄**が行われた場合である。男女の一方が正当な理由もなく婚約を破棄した場合，他方は婚約者としての地位が侵害されたことになるので，不法行為に基づいて，または，債務不履行として相手方に損害賠償を請求できると考えられる。

また，婚約が解消されれば，結納による金品などを返還しなければならないのかということも気になるところであるが，まず，その地域などの慣習に従うことになる（92条）。そして，慣習が不明確である場合などは，原則として，結納による金品などを返還することになる。しかし，婚約の解消に責任がある者からの返還請求は，信義則上，できないとされている。

☆補足 「公序良俗」と「信義則」

「**公序良俗**」とは，「公の秩序・善良の風俗」の略である。法律はルールであり，社会の秩序を守り維持することが目的であるから，たとえ，法律の規定に違反していない行為であっても，公序良俗に反する行為を保護する必要はないので，その行為を無効とするのである（90条）。ただ，その時々の時代や社会情勢によって秩序や風俗というものも変動してしまうものであるため，明確な基準というものを明示することは難しい。たとえば，かつては「婚姻している者が配偶者以外の者と婚約するのは，『公の秩序・善良の風俗』に反している」とされていたが，今では婚姻関係が破綻していれば，配偶者以外の者と婚約することも公序良俗に反していないと判断されるようになり，公序良俗の判断における基準の変動があるといえる。

「**信義則**」とは，「信義誠実の原則」の略である。自分の持つ権利を行使する場合や自分がしなければならない義務を行う（義務を「履行する」という）場合，信義に従い，誠実に行わなければならないのである（1条2項）。たとえば，自分の責任で婚約が破棄されたのに，自分が渡した結納金を返してくれというのは，信義に従った誠実な態度とはいえない。

3　内　　縁

　ある男女が，夫婦同様の共同生活を行い，社会的にも夫婦と認められるような関係を持っていながらも，婚姻届を提出していないために法律上の夫婦として認められない場合がある。これを「**内縁**」という。自分たちの選択として婚姻届を提出しない場合や実質的に婚姻届を提出できない場合もあるが，わが国では法律婚主義を採っているため，法律が保護する法律上の「婚姻」という手順を踏まない「内縁」をどのように取り扱うかが注目される。

(1)　内縁の発生
　かつては，法律上の夫婦となることを選択せずに，内縁という状態を選択せざるをえない状況が存在した。

①　「家制度」に関連して
　明治民法時代は，「家制度」によって，家族の長である戸主に絶大な権力が与えられており（第1章3(2)参照），その権力の1つとして，戸主の同意がなければ家族の一員は婚姻することができなかった。そこで，戸主の同意が得られない男女が「内縁」による共同生活を選択することになったのである。

　また，戸主の地位を受け継ぐ推定家督相続人（ほとんどが長男）は，将来の戸主としての権力が約束される代わりに，本来，認められるべき自由が制限されていた。たとえば，「家」を出て行き婚姻することなどは，「家」を守るために認められるはずもないことであった。また，「家」に男子がいない場合，女性が戸主となることもあったが，「家」を継承するために婿として「家」の一員になってくれる男性がいなければ婚姻できなかった。

　こういった戸主としての立場にある者でも，男女の出会いをするのは当然であり，通常なら法律上の婚姻を選択するはずの男女が，内縁という関係を選択せざるをえない場合があった。つまり，夫婦のように共同生活をする相手がいたとしても，戸主という立場上，その相手とは婚姻できないという状況が存在したのである。

また，現在では考えられないが，家の跡継ぎである子が生まれるまでは婚姻届を出さないといった風習・慣習もあり，そうすると，子が生まれるまでは内縁という状態にならざるをえなかったのである。

② 単純な理由

その他，明治時代の時代背景が大きく影響する内縁の発生原因として，単純に，手続きなどが面倒なので婚姻届を提出しなかったという理由や婚姻届の提出自体に無関心であったということも考えられる。また，当時の婚姻届の提出先である「お役所」は，俗にいう「敷居が高い」状態であり，一般の人々は，できれば近寄りたくなかったという理由も内縁を生んだ大きな理由と考えられている。

このような明治民法時代の内縁の発生原因をみると，現在では「家制度」はなくなり，婚姻届を提出すること自体もほとんど誰もが知っており，「お役所」も丁寧に婚姻届を受け取ってくれるので，こうした内縁の選択理由は存在しないといえる。

(2) 内縁は保護すべきか

法律上の婚姻ではないので，本来であれば，内縁に対して法的に配慮する必要はない。しかし，夫婦と同様の共同生活を送るという内縁関係の事実が先行する中，とくに，内縁関係にある男性の収入で生活している内縁関係の女性が，法律上の夫婦に認められている法的保護がないために不利益を受けているということが問題視されはじめた。そしてそれは，社会的に無視できない状況となっていったのである。

① 婚姻の予約

とくに，明治民法時代の内縁関係者は，家制度に阻まれて婚姻届を提出できなかった場合が考えられるので，婚姻届を提出していないという形式だけで「法的に保護することはできない」と厳格に対応することが困難となってきた。

そうした中，裁判所では徐々に内縁に対して法的保護を与えようとする動きが出はじめ，内縁を，真に婚姻を成立させようとする意思がある**「婚姻の予約」**，つまり，婚約と同様に保護すべきものとして捉えたのである（大判大正4・1・26民録21・49）。

② 準婚理論

これに対して学説は，内縁を「婚姻の予約」と考えるのは内縁の実体に合わないと批判した。内縁当事者は，将来，婚姻しようと考えているのではなく，すでに婚姻しているつもりなのであるから，婚姻に準ずる関係である「**準婚**」の関係にあり，婚姻に準じた保護を与えるべきであると主張したのである（**準婚理論**）。

いずれにせよ，内縁を保護する動きは高まっていき，ついに，工場法（大正12年改正）において，災害に対する扶助料（補償）を受けることができる者の中に「本人の死亡当時その収入によって生計を維持した者」，つまり，内縁当事者が含まれることになり，民法による規定ではないが，裁判所の判断による保護だけでなく，法律的な保護が進んでいくことになったのである。

(3) 現在の内縁の成立

ところで，内縁は，単なる同棲や妾関係とは違う。あくまで法律上の婚姻関係と同じような婚姻意思や夫婦共同生活を営む意思が内縁当事者に必要であり，法律上の夫婦との違いは婚姻届の提出がされていないだけ，ということになる。現在では，自覚的内縁，高齢者の内縁，重婚的内縁そして近親婚的内縁などが内縁として考えられる。

① 自覚的内縁

法律上の婚姻をするための要件をすべて満たしているが，あえて婚姻届を提出しないで内縁を選択している関係をいう。婚姻の制度に縛られたくないという理由もあるだろうが，最大の理由として，婚姻の効果である夫婦同氏に反対するという意思から婚姻という形を選択しないことが考えられる。つまり，内縁の当事者が，お互いに氏を変更することなく元々の氏のままで共同生活を送りたいという意思を貫くために内縁を選択している訳である。

② 高齢者の内縁

高齢化社会を迎えているわが国には切実な問題である。配偶者に先立たれて一人になった高齢の男女が，新たな人生のパートナーに巡り会い，再婚することは非難されることではないし，本人の自由のはずである。しかし，高齢な祖

父母が再婚するとなると，子や孫にとっては，感情的な問題だけでなく，現実的に相続の問題がある。しかも「財産を狙って，おじいちゃんをだましているのではないか」と心配する気持ちも理解できなくはない。結局，子や孫たちの反対で婚姻届の提出を断念することが多いと推測されるので，高齢者の内縁が増加していると考えられるのである。

③ 重婚的内縁

法律上の婚姻関係が継続しているにもかかわらず，配偶者以外の者と内縁関係になるのが**重婚的内縁**と呼ばれる状態である。そもそも重婚が禁止されており（732条），しかも，内縁関係を認めてそれに法的保護を与えることは，法律上の婚姻の解消を求めることになってしまうので，法律婚主義を否定することになりかねない。そこで，かつては重婚的内縁を，公序良俗に反するという理由で無効としていた。

しかし，法律上の婚姻関係が破綻し，重婚的内縁に本来の夫婦共同生活の実体が存在する場合，破綻した婚姻関係を重視することにも現実的に問題があるため，このような婚姻関係が破綻している場合の重婚的内縁を認めようとする傾向にある。

④ 近親婚的内縁

近親婚の禁止（734条）は，時間の経過などによっても近親者であることに変化はないので，どのような手順を踏んでも無効であるといえる。よって，近親婚的内縁については認められるべきではない。

しかし，おじとめいが内縁関係になり，おじが死亡した際に，めいを「事実上婚姻関係と同様の事情にある者」であるとする最高裁判所の判断が出された（最判平成19・3・8裁判所時報1431・2）。近親婚については，倫理的問題だけでなく優生学的な問題が重要であるため，注目すべき判断だといえよう。

☆補足 「内縁」と「事実婚」

「内縁」を「事実婚」と表現することがある。「事実婚」は，自覚的内縁のような，自らが意図的に選択した「事実上の婚姻」の状態を表現するために用いられることが多い。ただ，明確に区別せず，「内縁」と「事実婚」を同じ意味合いで使用している場合もあるようなので注意してほしい。

(4) 内縁の効果

　内縁関係が保護されるようになったとはいえ，民法上で明確な規定が創設された訳ではなく，婚姻に関する規定を類推適用することになる。

　内縁であっても夫婦のような共同生活が存在しているため，法律上の婚姻による共同生活に関する効果が類推適用され，認められることになる。つまり，同居・協力・扶助義務（752条），婚姻費用の分担（760条），日常家事債務の連帯責任（761条），後で詳しく説明する財産分与の請求（768条）なども認められる。また，貞操義務も認められると考えて良い。

　しかし，法律上の婚姻の身分上の効果は，内縁関係には認められない。つまり，夫婦同氏の原則（750条），成年擬制（753条）などは認められない。また，姻族関係も発生せず（725条），内縁の男女から生まれた子は嫡出子とはならない。そして，内縁関係では配偶者とはならないので，配偶者としての相続する権利（890条）も認められないのである。

☆補足　「類推適用」

　　たとえば，Aについて定めたA条文の趣旨を生かして，Aに類似しているBについても同じような法律効果を認めるためにA条文を適用すること。法律上の夫婦のために規定された条文を，本来，根拠となる条文がない内縁のために適用することは，まさに「類推適用」の典型といえる。

(5) 内縁の解消

　内縁が保護されるようになった原因の1つとして，男性側からの一方的な内縁関係の解消を告げられた内縁女性が，さまざまな不利益を受けることに対して，社会的に無視できなくなったことが考えられる。それゆえに，内縁の解消は，内縁問題の重要点といえる。

① 内縁の合意解消

　当事者が合意すれば，内縁関係は自由に解消することができる。婚姻が解消（離婚）されるときに，夫婦が共同生活する中で購入した物などの財産をそれぞれに分ける**財産分与や慰謝料の支払い**などが行われるが（後で詳しく説明する），内縁の合意解消についても当事者間で話し合いを行い，財産分与や慰謝料の取り決めを行うことが可能である。この話し合いが上手くまとまらなけれ

第5章　婚約指輪のゆくえ：内縁でもいいですか

ば，家庭裁判所に申し立てることになる。

② 内縁の一方的破棄

　内縁関係が，当事者の一方から不当に破棄された場合，他方は損害賠償を請求することができる。たとえば，内縁男性が一方的に内縁を破棄した場合，内縁女性は，「婚姻の予約」による債務の不履行を主張するか，「準婚理論」による内縁の妻という地位が侵害されたことに対して不法行為を主張できる。これは，裁判所が「婚姻の予約」と「準婚理論」の両方の考え方を採っているためであるが，いずれにせよ，内縁女性は損害賠償が請求できるのである。

③ 死亡による解消

　当然ながら，内縁の当事者の一方が死亡すれば，内縁は解消される。内縁関係が実在しているときは，共同生活の事実に対して，ある程度の法的保護が認められるが，法律上の婚姻をした夫婦ではないため，配偶者としての相続権は認められない。よって，一方が死亡すれば，他方の内縁当事者は法的保護を受けることができないことになる。つまり，内縁の合意解消による財産分与や慰謝料，一方的破棄による損害賠償などの保護に対して，死亡による解消は不公平ともいえる状態になってしまうのである。

　そこで，財産分与の規定を類推適用したり，内縁関係の財産を共有財産として分割を認めるなどの保護が考えられている。しかしながら，一方の死亡による相続は，あくまで法律上の婚姻をした夫婦に認められるものであるため，内縁関係の一方の死亡による解消の保護は困難な状況にある。

　☆例　示

　　A男には妻と子がいるが，X女の生活費などの面倒をみるようになり，週に何日かはX女のアパートで過ごしていた。A男が60歳半ばで入退院を繰り返すようになったときもX女は看護療養にあたっていた。その後，A男が死亡し（妻は先に死亡していた），子が，父A男の財産を相続した。

　　X女は，A男が内縁のX女に対してするはずであった財産分与の義務も子が相続したとして，財産分与を請求した。

　　このX女の主張は認められるか。

（この例示の元は最判平成12・3・10民集54・3・1040民法百選Ⅲ25〈第2版〉）

59

この例示の元となった事案に対して最高裁判所は，一方の死亡により内縁関係が解消した場合に，法律上の夫婦の財産分与に関する規定を類推適用することはできないと解するのが相当であるとし，相続の開始した相続財産（遺産）について，財産分与の法理による清算の道を開くことは，法の予定しないところである，と判断した。

　つまり，最高裁判所は，生前の内縁解消に対する保護の姿勢と，死亡による内縁解消に対する厳格な姿勢とを明確に示したといえるのである。

☆ちょっと考えてみよう　「内縁」といっても

　「内縁」という言葉は聞いたことがあっても，どういう状態を「内縁」と呼ぶのか，はじめて知った人もいるだろう。男女の関係は，単純なようで複雑であり，それぞれの価値観などから「基本形」というものはないのかもしれない。

　さて，男女の関係と説明したが，現在では，男女の関係だけを考えるだけでは不十分と指摘されるだろう。というのも，同性同士であっても，お互いを大切に思い，お互い助け合って生活している場合があるからである。「婚姻届」を提出していない状態を「内縁」とすると，そもそも，同性同士であれば，「婚姻届」は受理されないのであるから，厳密には「内縁」とはいえないかもしれないが，今後，同性同士の内縁関係，または，同性同士の婚姻について，わが国でも綿密に議論する必要性がでてくるだろう。

　もちろん，同性同士の婚姻は，法律の問題だけでなく，生物学的問題や医学的問題，社会学的問題などいろいろな角度から考える必要があるので，ここでは，同性同士の婚姻をわが国でも認めていく方向が良いのか，同性同士の内縁状態に，男女の内縁状態と同じような法的保護を認めるべきかといったことを，ちょっと考えてみてほしい。

☆じっくり考えてみよう　法律と事実の先行（「法律婚主義」と「内縁」）

　婚姻の要件でみたように，法律はルールであり，理由があるからこそ，法律を守ることが期待される。そして，法律を守るからこそ，法律が定める効果（利益など）が与えられるという関係に立つものである。

　明治民法時代の家制度から発生するような内縁は，家制度による犠牲ともいえる内縁関係が存在していたのであるから，法的保護を図ることは有益であり，意味のあることだといえる。しかし，現在では家制度的な理由は存在しないのであり，本来，法律婚主義を採っているのであるから，1つの考え方として，厳しい言い方に聞こえるかもしれないが，現行の民法のもとで婚姻届を提出しない男女に，法律上の夫婦に認められる法的な保護・効果を与える必要はないということもできる。

第 5 章　婚約指輪のゆくえ：内縁でもいいですか

　現実的に，内縁が解消される際に不利益が発生する場合があるため，法的な保護が求められることがあるが，法律上の婚姻をしている者と，まったく同列に扱うこと自体にも無理があるだろう。これは，「法律の定めに従うべきだ」という意味合いではなく，法律の存在とそれを守ることによる結果としての保護という観点から重要といえる。

　また，自分たちが婚姻という制度に対して疑問（とくに，夫婦同氏について）を持ち，自分たちの選択で内縁という関係を維持しているのであるから，そのような男女に，法律的な効果，つまり，自分たちが選択しなかった婚姻に認められる法律的な効果を与えるということは，法的保護という側面がある反面，必要としていない法律の押し付けという側面があるといえる。

　ただ，現在においても内縁を選ばざるをえない状況におかれる男女，とくに高齢者の内縁を考えたとき，内縁という事実に対する保護の流れを即座に打ち切ることは難しい現実である。

　「法律」と「事実を先行させた者」に対する保護という難しい問題が，内縁関係には含まれているのである。

第**6**章　別れのとき：離婚

1　別れの歴史

(1)　別れに影響を与えるもの

出会いがあれば，別れもある。これは命あるものの宿命だが，別れは死別だけではない。自分の望む人生を，後悔することなく歩んでいくために，自分たちの意思で別れを決めることある。

永遠の愛を誓った夫婦にも，死別による別れと離婚による別れがある。この章では，家族法上重要となる**離婚**について説明する。

ところで，意外と思うかもしれないが，わが国は歴史的に，離婚については寛容であったといわれている。たとえば，キリスト教などの影響を強く受けていたヨーロッパにおいては，宗教的な考えから離婚を認めるべきではないという考え方が主流であった。しかし，わが国では離婚に対する宗教的な影響はほとんど存在せず，古くは大宝律令（701年）においても離婚が認められていた。これは，夫からの一方的な離婚制度ではあったが，妻の帰る実家がなくなっていた場合には一方的な離婚はできないという配慮もあったようである。

(2)　話し合いによる離婚

時代が進み，ヨーロッパにおいても宗教的な考えなどによって強制的に婚姻関係を継続させることは，夫婦双方にとって有益ではなく，かえって良くないことが多いと考えられるようになり，次第に離婚が認められるようになった。

わが国では夫が一方的に離婚を言い出すという形式が続いていたが，江戸時代になると，夫婦双方の身内や親戚が集まって離婚について話し合いをするようになった。また，夫から妻に対して，再婚するために必要な書面といえる「三行半（みくだりはん）」と呼ばれる三行半（3.5行）の短い文章で書かれた離

第6章　別れのとき：離婚

縁状を渡すことになり，わずかではあるが離婚に対する配慮や制度というものが形づくられていった。残念ながら，妻からの離婚請求は，夫が失踪した場合などに限られていたため不平等なままであったが，妻が縁切寺（駆込寺）に逃げ込むという方法によって，実質的な救済方法が確保されていたのである。

　もちろん，離婚を歓迎していた訳ではないだろうが，無理矢理に婚姻関係を続けさせることなく，話し合いによって離婚ができるという風習・慣習がわが国には古くから存在していたといえる。

2　離婚の方法──話し合い

　離婚する理由としては，性格の不一致や気持ちのすれ違い，浮気などが考えられる。婚姻のように，法的関係のなかった者同士が，双方納得した上で婚姻を決断するのとは違い，法律上の夫婦という関係になった者同士がその関係を解消することになる。夫婦間でいろいろと問題が発生したからこそ離婚を決断するのであるから，双方が納得できる形で話し合いを進めることは難しい場合もある。そこで，法律は，**協議離婚・調停離婚・審判離婚・裁判離婚**という離婚の方法を準備して，離婚という問題に対処している。

☆補足　「婚姻」と「離婚」
　「婚姻」と「離婚」は，いわば「はじまり」と「終わり」であり，まったく異なるものだが，法律関係を説明する場合は，両者を比較することが理解を深めるのに役立つため，「婚姻の場合はAだが離婚の場合はBだ」というような説明の方法が多い。「婚姻」と「離婚」とを漢字的に読み間違えることはないだろうが，もし，読み間違えてしまうと，まったく反対の理解をしてしまうことになるので注意してほしい。

（1）　協議離婚
　夫婦は，協議（話し合い）によって離婚することができる。これが**協議離婚**である（763条）。夫婦の話し合いのみによって離婚ができるので，簡易である。しかも，離婚する理由も問わないので，わが国の離婚の約90パーセントが話し合いにより進められ，離婚届を提出することで成立している。

63

離婚する夫婦が，お互いに話し合って決めるのであるから，この協議離婚が世界的にも一般的な離婚方法のように思われるが，キリスト教の影響を受け，離婚に対して厳しい態度を示していたヨーロッパでは，裁判官の前で離婚する意思の確認が必要とされたり，一定期間の別居が要件とされているようである。話し合いと届出だけで離婚が成立するのは比較的珍しいといえる。

(2) 協議離婚の要件

協議離婚は，話し合いと届出だけで成立するが，その要件としては，実質的要件と形式的要件がある。

① 協議離婚の実質的要件（離婚意思）

夫婦双方に離婚についての意思の合致，つまり，**離婚意思**のあることが求められる。婚姻の際に婚姻意思が必要であるのと同様，当然の要件である。

離婚意思の内容に関しては，婚姻意思と同様，**形式的意思説**と**実質的意思説**との対立がある。

ⅰ **形式的意思説**　離婚するためには**離婚届**を提出しなければならない。この離婚届を提出する意思が離婚意思であるとする説。

ⅱ **実質的意思説**　**離婚届**の提出だけでなく，実質的な夫婦としての婚姻関係を解消しようとする意思が離婚意思であるとする説。

この２つの説の違いが鮮明に現れるのが，俗にいう**偽装離婚**である。

☆**例　示**

　法律上の夫婦ＸＹの内，Ｘが病気にかかり働くことができなくなったので生活保護金を受給した。しかし，Ｙに若干の収入があったため，生活保護金を減額するとの連絡を受けた。そこで，従来どおりの生活保護金を受け取るために，ＸとＹは離婚届を提出した。夫婦関係を解消する意思はなく，あくまで生活保護金をもらうための離婚であり，俗にいう**偽装離婚**といえるものである。実際，離婚届の提出後もＸとＹは，お互いに夫婦として生活し，Ｘの死亡後，Ｙが遺骨を引き取り葬儀も行った。

　このＸとＹの離婚は有効な離婚として認められるか。

（この例示の元は，最判昭和57・3・26判時1041・66民法百選Ⅲ12〈第2版〉）

第6章　別れのとき：離婚

　この例示における離婚意思を考えると，形式的意思説では離婚届を提出しているので離婚意思はあり，離婚を認めることになる。一方，実質的意思説では，法律上の夫婦関係を解消する意思がないといえるので離婚意思はなく，離婚は認められないということになるだろう。

　それでは，この例示のような事案に対して，裁判所はどのように判断するかというと，このような離婚届は，法律上の婚姻関係を解消する意思の合致に基づいて提出されたのであるから有効であり，離婚を認めるという判断を下すことになる。よって，形式的意思説を採っているのである。

　このような，他の目的を達成するための離婚は，本来の夫婦関係の解消という意味での離婚とはまったく別次元のものであり，離婚制度の悪用ではないかという意見もある。実際，離婚後の男女の関係はかなり複雑である。たとえば，二度と会わない場合もあるが，離婚後も友だち付き合いする場合や同居する場合，また，再婚（復縁）する場合もある。しかも，夫婦の間に子どもがいれば，離婚したとしても，元夫婦の双方がその子の親であることに変わりはないので，完全に関係を絶つことは難しい。そうすると，実質的に夫婦関係を解消する「実質的意思」を求めること自体が困難となり，適当ではないともいえることになるのである。

　☆補足　「婚姻」と「離婚」の違い

　　「婚姻」の場合は実質的意思説が採られるが，「離婚」の場合は形式的意思説が採られている。「婚姻」と「離婚」で意思の捉え方が異なるが，「婚姻」は新しい身分関係をつくり出し，「離婚」は存在する身分関係を解消するということであるから，その意思の判断も相違すると考えられる。

　②　協議離婚の形式的要件（離婚届の提出）

　協議離婚は，離婚届の提出によって成立する（764条が739条を準用している）。いくら夫婦双方に離婚の同意があっても，離婚届の提出がなければ，法律上の離婚は成立しない。

　離婚の届出は，離婚する夫婦双方と成年に達している二人以上の証人が署名・押印した書面を，本籍地か所在地の市役所または町村役場に提出する必要

65

がある。書面ではなく口頭で記載する内容を述べても良いとされているが，ほとんどが書面による提出である。婚姻届との違いとして，離婚する夫婦に未成年の子がいる場合，夫婦のどちらが子の親権者（後で詳しく説明する）となるか，つまり，子の面倒をどちらがみていくのかを決定しなければならない。

☆補足 「準用」
　　たとえば，Aに適用する規定を，Aと同じように扱われるBにも適用するということ。739条は婚姻に関する規定で「『婚姻』は，戸籍法の定めるところにより届け出ることによって，その効力を生ずる」と規定している。一方，764条は協議離婚に関する規定であるが，739条を準用するということから，「『離婚』は，戸籍法の定めるところにより届け出ることによって，その効力を生ずる」というように読み替えることによって適用することができるのである。

(3)　協議離婚の無効・取消し

協議離婚の無効に関して，民法には規定はないが，離婚意思がない離婚は，当然，無効と考えられる。婚姻の無効を規定している742条を類推して適用できるだろう。詐欺または強迫によって離婚した場合は，離婚の取消しを家庭裁判所に請求できる（764条が747条を準用している）。

☆コメント　無効な離婚届の追認
　　夫婦の一方（たとえば夫）が勝手に離婚届を提出してしまった場合，他方（妻）に離婚意思がなければ無効となる。しかし，その後，妻が離婚に同意（「追認」）すれば，離婚は成立する。ただ，この「追認」を容易に認めてしまうと，知らない間に，夫に離婚届を提出された妻が，不本意でありながらも離婚に同意してしまう，いわゆる「追い出し離婚」を認めてしまうことになりかねないので，「追認」について厳格に判断するべきであるとの主張もある。

☆コメント　離婚取消しの遡及効
　　婚姻が取消されても，取消されるまでは有効な婚姻関係が続くので，遡って婚姻関係がなかったことにはならない（遡及効はない）。離婚が取消された場合，時間の流れを考えると，「婚姻→離婚⇒離婚の取消し→婚姻の継続」となるが，離婚が取消されるまでの間（「離婚⇒離婚の取消し」の間），有効な離婚関係が続くとなると，この間の夫婦関係は途切れることになる。結果的に婚姻関係は継続しているのであるから，離婚の取消しの場合は，取消しに遡及効を認め，離婚した時点に遡っ

て離婚の効力を取消すことを認めるのである。

3　調停離婚・審判離婚

　協議，つまり，話し合いで離婚が成立するならば，それが夫婦双方にとって好ましいことであるが，感情のぶつかり合いや子の将来を考えたそれぞれの思い，そして財産をめぐる問題などが複雑に絡み合うことにより，夫婦以外の第三者の手助けが必要となる場合がある。そこで，裁判所に訴訟を起こすことが考えられるが，原則として，まず家庭裁判所に調停の申立て（**調停前置主義**）をする必要がある。

(1)　調 停 離 婚
　離婚のための**調停**は，原則として，当事者である夫婦が出席し，家事審判官１名と家事調停委員２名以上による**調停委員会**によって行われる。あくまで調停は，離婚について争っている当事者同士が話し合う場であり，第三者である調停委員が話し合いに参加することによって，冷静に問題の解決に向けた話し合いができるように期待されている。また，離婚の合意に向けた話し合いだけでなく，夫婦としてやり直せる可能性の検討も期待されているのである。
　最終的に，当事者双方で離婚が合意されると，調停が成立し，調停委員会は離婚調停の**調書**を作成する。この調書に記載がされると確定判決，つまり，裁判所による判決と同等の効力を持つことになり，離婚が成立することになる。

(2)　審 判 離 婚
　調停は当事者が合意しなければ成立しない。しかし，第三者を交えた話し合いは，当事者の意見が十分に出されているはずであり，わずかな意見の食い違いで合意に達しない場合も考えられる。たとえば，離婚することに対して双方とも納得しているが財産の分け方が気に入らない場合や浮気に対する謝罪がないといった理由で合意しない場合もあるだろう。また，相手を困らせないとスッキリしないという理由で成立させない場合も考えられる。

こういった場合に，家庭裁判所は，調停委員の意見を聞いた上で，当事者双方の衡平（バランス）を考え，一切の事情を検討し，当事者の申立ての趣旨に反しない限度で，離婚の審判，つまり，離婚の申立てに判断を下すことができる。これを**調停に代わる審判**という。この審判に当事者から異議が出されなければ審判離婚は成立するが，2週間以内に異議が申立てられると審判は効力を失ってしまうので，審判離婚はあまり成立していないのが現実である。

4 裁 判 離 婚

話し合い（協議）で結論に達せず，第三者を交えた調停・審判にも納得できずに離婚を成立させることができなければ，裁判所に訴えることによって問題の解決を図ることになる。これを**裁判離婚**と呼び，裁判によって離婚の判決が確定されれば離婚が成立するため，後は離婚の届出をするのみとなる。

しかし，裁判となると裁判官の判断が離婚問題の最終結果となり，しかも，少なくとも夫婦のいずれかは離婚について納得していないために裁判となるのであるから，明確な理由がなければ裁判官も判断できない。そこで，裁判離婚においては，**離婚原因**（770条1項），つまり，離婚の理由が重要となる。

(1) 裁判離婚における具体的離婚原因

裁判離婚は，770条1項において，「次に掲げる場合に限り」訴えの提起ができるとされており，裁判離婚ができる離婚の理由を同条1項の1号から5号の5つに限定している。また，とくに1号から4号を**具体的離婚原因**，5号を**抽象的離婚原因**と区別する場合もある。

① 不貞行為

配偶者に不貞な行為があった場合，離婚原因となる（770条1項1号）。貞操義務に反する行為であり，婚姻関係を壊す典型的な原因といえる。

ここで，不貞行為とは，配偶者のある者が，自由な意思に基づいて配偶者以外の者と性的関係を結ぶことであるから，たとえば，配偶者以外の者と親密な関係となっているが性的関係はない場合，不貞行為として離婚原因にはならな

第 6 章　別れのとき：離婚

いと考えられる。逆に，一度限りの浮気によって性的関係を結んだとしても，当然，離婚原因となる。

　ただ，民法は770条 2 項において，裁判所の判断に「幅」を持たせている。つまり，裁判所は，同条 1 項の 1 号から 4 号までの具体的離婚原因がある場合でも，一切の事情を考慮して婚姻関係を継続させる方が良いと認められるときは，離婚の請求を棄却，つまり，理由がないとして離婚の請求を退けることができるのである。したがって，不貞行為があったとしても，婚姻関係が継続できると判断される場合，離婚請求は退けられる可能性がある。

②　悪意の遺棄

　配偶者から「悪意で遺棄された」場合は，離婚原因となる（770条 1 項 2 号）。まず，**遺棄**であるが，これは婚姻の効果である夫婦の同居・協力・扶助義務（752条）などに違反する行為を指す。つまり，同居している家から配偶者を追い出す，もしくは，配偶者を残して同居している家から出て行くといったことである。次に，**悪意**であるが，ここでは単純に「知っている」というよりも「故意」や「わざと」というイメージであり，つまり，遺棄するという行為によって婚姻関係が破綻するだろうと知りながら，その行為をするということである。要するに，わざと夫婦の同居義務や協力・扶助義務に反する行為をすれば離婚原因となるのである。そうすると，当然ながら仕事や病院に入院するなど正当な理由のある別居は，ここでいう悪意の遺棄には含まれない。

③　配偶者の生死が 3 年以上不明なとき

　配偶者（たとえば夫）の生死が 3 年以上不明なとき，他方の配偶者（妻）は離婚訴訟を提起することができる（770条 1 項 3 号）。3 年以上も生死不明ということは，所在地も不明で連絡も取れず，その上，生死も不明なのであるから，婚姻関係は壊れている，つまり，**破綻**していると考えられる。そのまま婚姻関係を継続させるよりも，残された配偶者（ここでは妻）に離婚の選択を認める方が現実的といえよう。また，この選択を認めなければ，相手が所在不明な妻は離婚の協議などもできないので，不安定な状態が継続することになる。

　ところで，同じように婚姻を解消するものとして**失踪宣告**があるが，失踪宣告は生死不明の状態が続くこと（ 7 年間，場合によっては 1 年間）により，死亡

69

したとみなすので，ある人が死亡することにより発生する「相続」の問題が起こるが，「3年以上の生死不明」を離婚原因にする場合は，あくまで離婚であるので，「相続」の問題は発生しない。また，「3年以上の生死不明」の場合，裁判所により離婚が決定された後，生死不明の配偶者の生存が確認されても，離婚はそのまま効果を持ち，婚姻関係は戻らないとされている。

④　回復の見込みがない強度の精神病

配偶者（たとえば夫）が強度の精神病にかかり回復の見込みがない場合，他方の配偶者（妻）は離婚訴訟を提起できる（770条1項4号）。たとえば，夫が強度な精神病にかかり夫婦の協力・扶助義務を果たすことが不可能となれば，事実上，婚姻関係は破綻しているといえる。そうすると夫婦の共同生活ができず，しかも，夫に離婚の協議を求めることもできない状況は，妻に厳しい婚姻生活の継続を迫ることになる。また，回復の見込みがない夫との婚姻関係に疲れきった妻に対して，強制的に婚姻継続をさせても，妻だけでなく夫のためにもならないだろう。そこで，このような状況を離婚原因としたのである。

ただし，この離婚原因に対しては意見が分かれる。精神病によって事実上婚姻関係が破綻していれば離婚を求めるのは仕方がないという考え方と，夫婦の協力・扶助義務を考えれば，一方が強度の精神病にかかろうと夫婦協力して生活していくべきである，という考え方が対立するのである。一般的には，夫婦なのだから一方が病気になったとしても夫婦で病気と闘っていくべきだ，ということになるかもしれないが，実際は，かなりの労力・心労を伴うだろう。一般感情論では批判されそうであるが，現実的な対応を示す規定といえる。

そこで裁判所は，さらに現実的に，精神病にかかった配偶者に対して，さまざまな事情を考慮した上で，今後の療養や生活などの具体的な方法を考え，ある程度，将来の見込がついた場合でなければ離婚の請求を認めていない（最判昭和45・11・24民集24・12・1943民法百選Ⅲ14〈第2版〉参照）。

(2)　裁判離婚における抽象的離婚原因

裁判離婚のための離婚原因として，770条1項は1号から4号までを規定した後，5号に「その他婚姻を継続し難い重大な事由があるとき」には裁判離婚

第6章 別れのとき：離婚

を提起できるとしている。「婚姻を継続し難い重大な事由」とは，婚姻関係を続ける状態にないこと，つまり，婚姻関係が破綻していたり，夫婦共同生活ができない状態である場合を指す。そうすると，結局のところ，1号の不貞行為や2号の悪意の遺棄なども，5号の内容に含まれることになるので，1号から4号は具体的な例であり，5号は具体例以外の理由であっても離婚原因となることを示している**抽象的離婚原因**とされている。

① 抽象的離婚原因と有責性

たとえば，770条1項1号の不貞行為が離婚原因となる場合は，不貞行為をした配偶者に責任（**有責性**）があるといえる。2号の「悪意の遺棄」も遺棄するという有責性がある。しかし，5号は婚姻を継続するのが難しい重大な事由がある場合に離婚原因になると規定しているだけなので，夫婦の一方または双方に有責性を求めていないし，双方に有責性がない場合もあるかもしれない。そこで，5号は，夫婦関係が破綻さえしていれば離婚原因になると考えているのであり，これを「**破綻主義**」という。

夫婦関係が破綻しているかどうかは夫婦によって異なるため，客観的に判断するのは難しい。実際の生活状況や年齢，資産状況，子がいるかどうかなどを総合的に検討することになる。また，破綻の原因としては，たとえば，配偶者の暴力や虐待，浪費癖，親族との不和，性格の不一致などが考えられる。

② 有責配偶者からの離婚請求（その1）

有責配偶者，つまり，離婚の原因に対して責任のある配偶者から離婚請求をした場合，その請求は認められるかが問題となる。たとえば，夫婦関係が悪くなってしまったのは夫の浮気が原因だとすると，責任（有責性）があるのは夫である。この場合，責任のある夫から離婚を請求できるのか。

☆例　示

　　夫Ｘと妻Ｙは法律上の夫婦である。婚姻して数年後，ＸはＹ以外の女性Ａと浮気して関係を持ったので，妻Ｙは激怒し，夫Ｘに対して暴言をはき，暴行を繰り返した。そこで，夫Ｘは，妻Ｙの行為が，770条1項5号「婚姻を継続し難い重大な事由」に当たるとして離婚を請求した。

71

> このXからの離婚請求は認められるか。
>
> （この例示の元は，最判昭和27・2・19民集6・2・110）

　この例示の元になった判決は「**踏んだり蹴たり判決**」と呼ばれる有名な判決である。要するに夫が浮気をし，妻が悔しさのあまり暴力を振るったところ，夫から妻に離婚を請求したという事案である。

　最高裁判所は，人としての「情」において，妻が暴力を振るったという行為は寛大に許される行為だという認識を示した上で，婚姻関係が継続し難いのは夫Xが妻Yを差し置いて他の女性Aとの関係を持ったからであり，XさえAとの関係を解消し，よき夫として妻のもとに帰れば，いつでも夫婦関係は円満に継続しうるはずであるから，770条1項5号の事由には該当しないと判断した。そして，Xの浮気が元々の原因であり，それにもかかわらずXから離婚請求がされているのだから，「もしかかる請求が是認されるならば，Yは全く俗にいう踏んだり蹴たりである。法はかくの如き不徳義勝手気儘を許すものではない。道徳を守り，不徳義を許さないことが法の最重要な職分である。全ての法はこの趣旨において解釈されなければならない」として，Xの請求を認めなかった。

　この「踏んだり蹴たり判決」の判断は戦後まもなくのものであるが，現在においても一般的には納得のできる判断といえるかもしれない。しかし，770条1項5号が，夫の浮気などの有責性を問わず，「婚姻を継続し難い重大な事由」があれば離婚の原因となる「破綻主義」を採っていることから考えれば矛盾しているともいえる。このように「破綻主義」を採りながらも，離婚の原因をつくった有責配偶者からの離婚請求は認めないという「**消極的破綻主義**」という考え方・立場が，長い間，主流とされていたのである。

③　有責配偶者からの離婚請求（その2）

　「消極的破綻主義」は，一般的な正義感には適していると思われる。しかし，徐々に批判されるようになった。なぜなら，長期間別居状態で夫婦共同生活などがまったく認められないにもかかわらず，有責配偶者からの離婚請求だとい

第6章　別れのとき：離婚

うことで離婚を認めないのは，無駄に夫婦を拘束すると考えられるようになったからである。

> ☆例　示
>
> 　夫Ｘと妻Ｙは法律上の夫婦である。婚姻して12年後，Ｘが妻以外のＡと関係を持ったため夫婦関係は悪くなった。まもなく，Ｘは妻Ｙの元を離れ，Ａと同棲をはじめた。その後，Ｘは離婚訴訟を提起したが，有責配偶者からの請求であるため認められなかった。そして，別居して34年後，再度ＸはＹに離婚を求めたが拒絶されたので，別居後35年を経て離婚訴訟を提起した。
> 　この請求は認められるか。
> （この例示の元は，最大判昭和62・9・2民集41・6・1423民法百選Ⅲ15〈第2版〉）

　この例示の元となった判決において，最高裁判所は「消極的破綻主義」を変更し，「**積極的破綻主義**」を採るようになったといわれている。つまり，離婚請求が信義誠実の原則に照らして許されることが必要であり，時の経過が与える影響も考慮されなければならないという前提において，「有責配偶者からされた離婚請求であっても，夫婦の別居が両当事者の年齢及び同居期間との対比において相当の長期間に及び，その間に未成熟の子が存在しない場合には，相手方配偶者が離婚により精神的・社会的・経済的に極めて過酷な状態におかれる等離婚請求を認容することが著しく社会正義に反するといえるような特段の事情の認められない限り，当該請求は，有責配偶者からの請求であるとの一事を持って許されないとすることはできない」として，条件をつけながらも有責配偶者からの離婚請求を認める判断をしたのである。

　この場合，(a)別居の期間が年齢や同居期間と比べて長期間であるか，(b)保護を必要とする未成熟の子がいるかいないか，(c)離婚後に有責配偶者の配偶者（責任がない配偶者）が精神的・社会的・経済的に過酷な状態におかれるかどうか，という3つの条件の判断が重要となる。ただ，(a)の別居期間については徐々に短期間でも認められるようになり，別居期間が8年であっても請求を認める判決が現れたが（最判平成2・11・8判時1370・55参照），それぞれの夫婦の状

況によって年数は異なるので注意が必要である。

「踏んだり蹴ったり判決」と比べれば，一般的正義感には反するかもしれないが，そもそも770条1項5号が「破綻主義」を採っており，また，無条件に離婚請求を認めている訳でもないため，現実的な判断といえるのかもしれない。

☆コメント　その他の離婚
　①　「和解による離婚」　平成15（2003）年に制定された人事訴訟法によって，新たに「和解による離婚」（和解離婚）が認められた。これは，離婚訴訟を提起した後，夫婦双方で離婚の合意（和解）が成立した場合には，それを調書（和解調書）に記載し，確定判決と同様に離婚を成立させるというものである。従来は，訴訟中に和解が成立しても協議離婚として扱われていたため，離婚届が提出されなければ離婚が成立しないことになっていた。そこで，調書への記載で離婚を成立させることにより，和解内容を有効に利用することができるようになったのである。
　②　「認諾離婚」　人事訴訟法によって新たに「認諾離婚」も認められた。これは，離婚訴訟中に，訴えられた夫婦の一方が，訴え内容を全面的に受け入れ，それを調書（認諾調書）に記載することによって離婚を成立させるものである。

☆ちょっと考えてみよう　「破綻主義」で納得できるか
　裁判所が，有責配偶者からの離婚請求を認めないという立場を改めて，有責配偶者からの請求でも認める積極的破綻主義へと方向転換したことは，現実的な時代のニーズに沿ったものである。しかし，当事者のそれぞれの立場になって考えた場合，果たして，納得できるだろうか。たとえば，浮気をして離婚してほしい者の立場，浮気されても離婚したくない者の立場，子の立場などいろいろな立場になってみると問題はかなり複雑である。
　たしかに，「裁判所が，積極的破綻主義を採っているのであるから，破綻主義で良い」と考えるのは楽だが，有責配偶者がつくり出している「破綻」の状態を認めることに問題はないのか，「破綻」している現状を考えれば「有責性」を取り上げる実益はないのか，浮気をされたが，離婚はしないという選択をする者もいる現実を考えたとき，何をもって「破綻」と考えるのか，ちょっと考えてみてほしい。

第**7**章　別れのあと：離婚の効果

1　別れのあとに

（1）　壊すことの難しさ

　婚姻障害事由などがなければ，男女の同意によって婚姻はできる。独身男性と独身女性が婚姻によって共同生活に入るのであるから，通常であれば，年齢相応の収入や財産を持って婚姻することになる。もちろん，晩婚化が進んでおり，また，再婚であれば，相当な財産や預貯金があり，かなり余裕のある新婚生活を過ごす場合もあるだろう。いずれにせよ，それまで単身であった男女が，共同生活を送る中で，いろいろな環境や財産を「一から」築き上げていくのである。

　一方，離婚の場合は正反対の作業が必要となる。離婚のそのときまで築き上げてきたさまざまな「モノ」を解体・清算しなければならないのである。この作業は，長期間，夫婦として共同生活をしていた場合，相当な労力を要する。「モノ」として金銭的に清算できる場合はお互いが納得すれば良いが，夫婦に子がいる場合，どちらが引き取るかということは簡単に合意できる問題ではない。

　築き上げる苦労よりも，築き上げたものを壊す苦労の方が困難な作業といえるのである。

（2）　離婚の効果

　協議離婚，調停・審判離婚，裁判離婚など，どの方法によって離婚するかはそれぞれの夫婦の別れる理由や状況によって異なるだろう。しかし，いずれの方法であろうが離婚するという事実は同じであり，離婚による効果が発生する。もちろん，離婚は将来に向かって発生するのだから，それまで存在していた婚姻の効果が，離婚成立のときから解消されると考えれば良い。

離婚の効果としては**身分上の効果**，**財産上の効果**が問題となるが，とくに婚姻の場合と異なる点として**子に関する効果**が重要となる。

2　離婚による身分上の効果

離婚すれば夫婦関係が解消されるのであるから，お互い配偶者という身分ではなくなる。もちろん，婚姻の効果である同居義務なども将来に向けて消滅する。その他，身分上に関する効果としては，**再婚の自由**，**姻族関係の終了**，**復氏・婚氏続称**がある。

(1)　再婚の自由

重婚は禁止されているが（732条），離婚すれば当然ながら再婚することは自由である。ただし，女性にのみ再婚禁止期間が設けられている（733条）ので，離婚後100日を経過しないと再婚できない（第3章2(2)③参照）。

(2)　姻族関係の終了

そもそも姻族関係は婚姻によって発生するのだから，離婚によって終了する（728条1項）。ただし，注意が必要な点として，直系姻族間の婚姻障害は離婚後にも残る（735条）。たとえば，夫Xと妻Yで考えてみると，そもそも「夫Xの父親」と「妻Y」とは直系姻族となるので婚姻できないが，この婚姻障害事由は，夫Xと妻Yの離婚により姻族関係が終了した後でも継続するとされているので，「元直系姻族」の関係でも婚姻できないことになる。

(3)　復氏・婚氏続称

夫婦同氏の原則（750条）によって氏を変更した夫または妻は，離婚によって原則として婚姻前の元の氏に復す，つまり，元の氏に戻ることになる（767条1項・771条）。これを**復氏**と呼ぶ。多くの場合，妻が復氏することになる。

しかし，婚姻の夫婦同氏の原則による氏の変更が，女性の社会進出などの障害になっている（第4章2(1)②参照）のと同様に，婚姻して夫の氏（婚姻中の氏

第7章　別れのあと：離婚の効果

なので**婚氏**と呼ぶ）を名乗っていた女性が，離婚によって復氏すると，婚氏によって築いた社会での実績や信用などが再び中断されかねない。また，離婚して母親と子が一緒に暮らすことになると，母親は復氏によって元の氏を名乗り，子は婚氏を名乗ることになる。

　このような問題に対処するため，離婚の日から3ヶ月以内に戸籍法の定めに従って届出をすれば，復氏により元の氏に戻っていた者は，婚姻中に使用していた婚氏を名乗り続けることができる（767条2項）。これを**婚氏続称**という。

3　離婚による財産上の効果

　期間の長短に関係なく，夫婦が共同生活をしている限り，何らかの財産を持つことになる。たとえば，家や車，宝石など金銭的価値の高い物から低い物までいろいろあり，それぞれの夫婦の収入や価値観によって財産も異なる。そして，離婚することになれば，このような財産をどのように処分するかが問題となる。そこで民法は，離婚をするときに，夫婦の一方は他方に対して財産の分与，つまり，財産を分け与えるように請求できると規定している。これが**財産分与**（または，財産分与請求権）である（768条・771条）。

　通常，財産分与には，**清算的性質**，**扶養的性質**，そして，**慰謝料的性質**の3つの性質があると考えられている。

(1)　清算的性質
①　潜在的持分の清算
　民法では夫婦の財産について，夫婦のどちらのものか不明な財産は夫婦の共有財産と推定し，夫婦のそれぞれが婚姻前から持っている財産や婚姻中に自己の名で取得した財産は，夫婦それぞれの特有財産であるとする**夫婦別産制**を採っている（762条，第4章3参照）。

　すると，夫婦の一方が収入を得て，他方が家事労働をする場合，たとえば，妻が専業主婦として家事に専念し，夫の収入を「やりくり」して生活している場合，妻には家事労働による貢献があったとしても，夫の収入で購入した財産

は，夫の名義となってしまう。

　しかし，婚姻中に購入した財産は，たとえ夫の収入で購入され，名義も夫であったとしても，妻の家事労働や「やりくり」などの協力があったからこそ購入できたと考えることができる。そうすると，婚姻中に購入した財産には，妻にも**潜在的に持分がある**といえる。婚姻中は，この潜在的持分を明確にする必要もないが，離婚する際に，この持分が無視されてしまえば，潜在的持分を持つ妻は損をしてしまう。そこで，離婚による財産分与の際に，この清算を行うことになるので，財産分与には**清算的性質**があるといわれるのである。

②　清算の対象

　ただ，清算するとはいっても，どのような割合で行うかが問題である。つまり，家事労働などの貢献・協力をどのように評価し，清算する財産に含まれる潜在的持分に反映させるかは難しい問題である。個々に具体的事情を考慮して決定していくことが，本来，求められる方法だろうが，評価基準や方法などをすべて個別に処理していくことは，かなりの労力と時間を要する。そこで単純に，財産に対して2分の1の潜在的持分を認める考え方などが提案されている。

　ところで，夫婦の財産のすべてを清算する訳ではなく，それぞれの特有財産は清算の対象とはならず，夫婦が婚姻中に協力して取得したと考えられる財産が対象となる。たとえば，家などの不動産や預貯金などが対象となり，退職金も給料の後払いという性格から清算の対象に含まれる。また，平成19 (2007)年4月1日以降に成立する離婚については，**年金分割制度**が導入されたので，年金（5割を上限）も清算の対象になったといえるのである。

(2)　扶養的性質

　財産分与には扶養的性質もあるとされている。扶養とは経済的に困難な状況にある親族に対する給付であるから，夫婦の一方が離婚により生活に困る場合に，他方が扶養するということである。

　しかし，婚姻中であれば夫婦として扶養する義務があるが，離婚した後まで扶養を求めるのは根拠が不明瞭であるため，理論的に難しい問題がある。そこで，この扶養的性質をどのように考えるかが検討されている。たとえば，離婚

後の経済的困難な生活に対して，国の保障が十分ではない場合に，元配偶者に扶養を求めるという考え方や，家事労働に専念した結果として，婚姻中に低下した所得獲得能力が回復するまでは扶養すべきだとする考え方などが主張されている。

扶養的性質を考慮した財産分与は，婚姻中の生活レベルや年齢などを考慮して決めることになるが，基本的に，夫婦の一方に経済的な余裕があり，他方が扶養を必要とする状態であることが求められる。現実的に，双方が扶養を必要とする状態であれば，お互いに扶養を求めても仕方がないからである。

(3) 慰謝料的性質

たとえば，夫の浮気が原因で離婚した場合，有責配偶者である夫に対して，妻は，精神的苦痛による**慰謝料**を請求することができる（709条・710条「不法行為」）。このように有責配偶者に対して慰謝料が請求できることは問題ないが，離婚による財産分与と精神的苦痛に対する慰謝料請求との関係が問題となり，2つの説が対立している。

① 包括説

財産分与には清算的性質・扶養的性質・慰謝料的性質が含まれるという説。一度に処理ができるため有益である（多数説となっている）。

② 限定説

財産分与と慰謝料請求とは別のものであり，財産分与は清算的性質・扶養的性質に限定するべきであるとする説。

包括説によると一度に清算，扶養，慰謝料の処理ができるため，離婚による財産分与を早期に終結させたい場合には有益である。一方，限定説によると，一度に処理はできないが，財産分与は離婚から2年以内に請求する必要がある（768条2項）のに対し，慰謝料は3年以内に請求すればよい（724条）ことになる。つまり，限定説によると，1年間だけとはいえ，慰謝料請求の内容を考えるための時間の利益が得られることになる。それでは，裁判所はどのような判断を下しているだろうか。

> ☆**例 示**
>
> 　夫の暴力により離婚を決意した妻が，早く離婚を成立させたいためにわずかな
> 金品の財産分与で離婚したが，その後，あらためて慰謝料の請求をした。
> 　この請求は認められるか。
>
> （この例示の元は，最判昭和46・7・23民集25・5・805民法百選Ⅲ18〈第2版〉）

　この例示の元になった判決では，財産分与額などを決めるときには当事者双方における一切の事情を考慮すべきであるので，有責配偶者に対する慰謝料を含めて「財産分与の額および方法を定めることもできる」から，すでに財産分与の中に慰謝料が含まれている場合は重ねて慰謝料の請求はできないとした。しかし，財産分与の中に慰謝料を含めていない場合や慰謝料として不足がある場合には財産分与とは別に慰謝料請求ができると判断した。

　結局のところ，財産分与に慰謝料を含めるか含めないかで，別途，慰謝料請求ができるかどうか判断することになってしまうため，包括説とも限定説ともいえない中間的・折衷的な判断であるが，慰謝料を請求する側にとって有利な考え方といえ，現実的な判断により対処しているものといえる。

(4)　財産分与の決定と履行

　財産分与の性質としては清算・扶養・慰謝料があるが，どのような性質を持っていても，実際に財産の分与が決定され，財産分与が**履行**，つまり，実際に財産分与が実行されなければ意味がない。

　まず，当事者同士で協議ができれば，その協議によって財産分与が決定される（768条1項）。もし，協議で決めた財産分与が履行されない場合は，裁判の手続きを経て履行の請求ができるようになる。

　財産分与の協議が整わない場合や協議することができない場合は，家庭裁判所に協議に代わる処分を請求できる（768条2項）。家庭裁判所は，まず調停により協議を行い，その協議が成立すれば確定判決と同様の効果が発生することになる。調停が成立しなかった場合でも，家庭裁判所は審判によって財産分与を決定することができる。また，家庭裁判所に裁判離婚を提起した場合は，財

産分与の申立ても同時にすることが認められている。

　要するに，財産分与の協議が整わない場合は，家庭裁判所が当事者双方の協力によって得た財産の額その他一切の事情を考慮して，財産分与をさせるべきかどうかを決定し，財産分与をさせる場合には，その額や方法を決定する（768条3項）ことになる。また，財産分与の履行においても，履行がされない場合，裁判手続きを経た上で，裁判所から履行の「圧力」をかけることができるので，裁判所は，財産分与が決定されたとおり実行されるように監視する役割を担っているのである。

☆コメント　離婚件数の増加と分与額の高額化

　　　　離婚件数は年々増加しているようであり，とくに離婚する夫婦の高齢化が進んでいるようである。長い期間，夫婦として暮らしていれば，財産分与の対象も多くなることが予想され，財産分与の額も高額化が予想される。長期間，家事労働に専念していれば，その評価もさらに重要となるので，何らかの基準を設けることが望まれるといえよう。

4　子に関する効果

　離婚するにあたって，婚氏が元々の氏に戻ること（復氏）や財産をどのように分与すれば夫婦双方が納得するかということはたしかに重要である。しかし，夫婦に子がいる場合，とくに，未成年の子がいる場合は，両親の離婚という現実問題に対してどのように対応するかが一番重要な問題である。つまり，親の離婚によって子が被害を受けることは，できる限り，あってはならないのであるから，子の成長や生活を守ることが重要となる。ここでは，離婚後の子に関する法律の対応についてみていく。

(1)　親　権　者

　夫婦に子どもが生まれれば，その子が未成年の間は両親が**親権**を行使することになる。後で詳しく説明するが，親権とは，親権を持つ者（親権者）が，子の**監護・教育**（820条）と**財産管理**（824条）を行って，子を育てるということで

ある。少し具体的にいうと，親権は，子が社会で立派に成長するために身体的に監督・保護し（監護），精神的発達のために配慮（教育）する**身上監護権**と，子が持つ財産の管理や子に関連する法律行為を代理したり同意を与えたりする**財産管理権**の両方を含むものと考えられている。

　婚姻中であれば，親権を行使する**親権者**は両親であるが（**共同親権**），離婚の際には親権者を父親か母親のどちらか一方に定めなければならない（**単独親権**）。つまり，未成年の子を持つ夫婦が協議離婚する場合には，夫婦のどちらが親権者となるかを協議して決定し（819条1項），離婚届に記載しなければ，原則として離婚届は受理されない（765条）。夫婦間で話し合いがまとまらず，協議が調わないときや協議をすることができないときは，家庭裁判所が「協議に代わる審判」を行うことになる（819条5項）。また，裁判離婚の場合は，裁判所が父母の一方を親権者と決定することになる（819条2項）。このように，親権者の決定について民法は詳細な規定を準備しており，子の成長や将来のために親権がいかに重要とされているかが分かるといえる。

> ☆コメント　その他の「単独親権」
> 　子が生まれる前，つまり，妊娠中に離婚する夫婦もあり，その場合は原則として母親が親権を行使する。ただし，子が生まれた後，父母の協議で父親を親権者とすることも可能である（819条3項）。また，離婚の際に父母の一方を親権者に決めたが，子の成長や将来を考えると父母の他方が良かったと後で気づく場合もあるので，家庭裁判所は，子の利益のため必要があると認めるときは，子の親族の請求によって親権者を変更することができる（同条6項）。

(2)　監　護　者
① 監護者とは

　離婚後は，親権者となった者が子と生活を共にし，監護・教育，財産管理を行う。しかし，たとえば，父親が親権者となったものの，子がまだ幼いときは母親が監護・教育する方が子のためには良いと考えられる場合がある。そのようなときは，親権としての身上監護権と財産管理権の内，身上監護権のみを持つ**監護者**を定めることができる。そうなると，親権者は財産管理権のみを行使し，監護者が身上監護権（または単に監護権）を行使することになる。

第7章　別れのあと：離婚の効果

②　監護者の効果

子に対して親権と監護権を認めることは，たとえば，父親が親権，母親が監護権を持つ（**親権・監護権の分属**という）ことになり，夫婦は離婚したとしても，双方が子の親であることには変わりがないため，父母の双方に「親としての責任」を実感させることができることになる。また，父母の一方が親権者となり子と生活を共にすると，父母の他方と子が親子としての交流を持てなくなることが多いので，親権と監護権を分属させることにより，親子の交流を図ることができる。とくに，離婚の話し合いの際，離婚することや財産分与などではお互い合意しているのに，夫婦のどちらが子を引き取るのかということで結論に達しない場合が多い。そのため，一方を親権者，他方を監護者とすると合意が導きやすく，有効な面もあるといわれている。とはいえ，実際には父親が親権者，母親が監護者という親権・監護権の分属はあまり行われていない。

(3)　親権者・監護者の決定

離婚の交渉中，父母のどちらかを親権者とし，場合によっては監護者を決定するという話し合いは，財産分与の話し合いよりも困難な場合があるだろう。金銭的な問題はある程度の妥協点をみつけやすいが，子の問題は複雑な感情が絡み合い，割り切れない思いが話し合いの進展を阻止しかねない。

そこで，父母のどちらが親権者としてふさわしいかという明確な基準はないだろうが，経済的な問題を含む監護能力，離婚に至るまでの監護の実績，将来の監護の安定性，健康面，乳幼児の場合の母性の優先などが考慮される。さらに，子が10歳程度であれば子の意思も確認できるだろうから，その確認も踏まえて，総合的に決定されるべきである。

(4)　監護費用（養育費）

夫婦の共同生活が行われている間は，夫婦が子を育てる費用も婚姻費用（760条）として夫婦が分担する。もちろん，離婚して父母の一方（たとえば母）が子を引き取り生活することになっても，子を育てる費用は父母の一方（母）がすべて負担するということにはならない。離婚によって夫婦が夫婦としての

関係を解消しただけであり，親子の関係までが解消された訳ではないからである。つまり，親が子を扶養する義務（877条1項，後で詳しく説明する）は離婚によっても影響を受けないので，子を育てるための費用（**養育費**）の負担は父母双方の義務である。

養育費が父母双方の義務であれば，たとえば，親権者（または監護者）として子と生活している母親に対して，共に生活をしていない父親が養育費を毎月送金するということになるだろうが，実際問題として，養育費が支払われていない場合が多いとされている。経済的問題から支払いができない場合もあるし，親子とはいえ日々の成長の場にいない父親が養育費を支払う気持ちを喪失していく場合なども考えられる。しかし，実際に生活している母子にとっては死活問題である。そこで，平成15（2003）年に民事執行法が改正され，養育費の不履行，つまり，毎月の送金がされなくなった場合などは，父親の給料などを差し押さえることが認められるようになった（民事執行法151条の2第1項4号・第2項）。

そうすると，どれくらいの養育費を父母双方が負担しなければならないかが問題となる。そこで，親の子に対する扶養義務は，親と同じくらいの生活ができることを保障する生活保持義務であると考えられるから，それを踏まえて，具体的な金額などを父母が協議または調停などによって決定することになる。また，裁判離婚の場合は，離婚の判決において養育費の支払いを決めることもできる。

(5)　面会交流権

親権者（または監護者）として子と同居する父母の一方（たとえば母親）に対して，親権者でも監護者でもない父母の他方（父親）は，養育費の支払義務を負うだけで，自分の子に会うことも許されないとすれば，あまりに酷である。そこで，離婚後，親権者でも監護者でもない親が，子と面会したり，電話などで交流を持つことを認める**面会交流権**について議論がなされている。

この面会交流権は，どのような性質のものかが問題となる。親の権利と考えれば，親であるから当然に面会交流できると考えられるし，潜在的な親権の一部であるとも考えられる。逆に，子の権利と考えれば，親との交流によって精

第7章　別れのあと：離婚の効果

神的に成長する権利などと考えられる。

　そこで，裁判所は，これを親の権利とはせずに，子の利益のために認められる監護についての処分として位置づけ，「子と同居していない親が子と面接交渉することは，子の監護の一内容である」と認めた（最判平成12・5・1民集54・5・1607家族百選42〈第7版〉）。

　また，協議離婚における子の監護に関する766条の内容が改正された。「子の監護をすべき者その他監護について必要な事項は，その協議で定める」などとされていた内容が，「子の監護をすべき者，父又は母と子との面会及びその他の交流，子の監護に要する費用の分担その他の子の監護について必要な事項は，その協議で定める」と詳細な内容に改正された。さらに「この場合においては，子の利益を最も優先して考慮しなければならない」という文言が追加されたことにより，これまで以上の子への配慮が求められている。

☆コメント　「面会交流権」について

　「面会交流権」について，欧米では親権者でも監護者でもない親と子が継続的に会うことが子の成長に良いと主張されている。アメリカなどで広く認められており，母親が子を引き取るが，毎月数日間は父親と過ごすことなどが認められるのである。

　一方，わが国では，親子の愛情関係は安定・継続しなければならず，日々の暮らしに登場しない親が断片的に面会交流することは，子の成長に好ましくないと主張されたり，離婚の原因をつくり離婚した親に面会交流を認める必要はないといった意見もある。

　ちなみに，かつては面接交渉と呼ばれることもあったが，766条改正により「面会」「交流」という文言が明記されたことにより，これからは「面会交流権」と呼ばれることになるだろう。

☆ちょっと考えてみよう　「子は鎹（かすがい）」

　簡単に婚姻する男女も多いが，簡単に離婚する男女も多い。もちろん，いろいろな理由があるだろうが，男女だけの問題であれば，それぞれ離婚による「傷」を癒していけば良い。

　しかし，子，とくに幼い子にとってみれば，自分ではどうすることもできない状況の中で，父親もしくは母親と引き離されることになる。もちろん，家庭環境はさまざまであり，その優劣をつけることはできないが，一般的に，父と母のもとで成長することが良いとされるのであれば，子にとって親の離婚は迷惑な話である。

85

昔から「子は鎹（かすがい）」といわれる。父親と母親とをつなぎとめておく役割を，子が担うということであるから，「子のために」離婚せず，我慢することも，ある意味で親としての責任といえる。しかし，親とはいえ，それぞれの人生であるから，子のために我慢を重ねることも良くないといえよう。

　ただし，夫婦の離婚で子が多大な不利益を受けることは，できるだけ避けなければならない。では，どのようにすれば，離婚による不利益を少なくすることができるだろうか。たとえば，どういう形態での面会交流が良いだろうか。また，そもそも，面会交流は良いことだろうか。逆に子に悪影響はないだろうか。夫婦の問題に，子が関係すると，問題は格段に複雑化し，感情的な混乱が増すと考えられるが，ちょっと冷静に考えてみてほしい。

☆じっくり考えてみよう　祭祀財産の承継

　離婚の効果として，少し異質な規定がある。769条がそれであるが，この規定は，離婚の効果として，婚姻によって氏を改めた夫または妻が，祭祀財産の承継者となった後，離婚して元の氏に戻る場合，当事者や関係人の協議で，祭祀財産の権利を承継すべき者を定めなければならない，としている。そして，もし協議が調わない場合や協議ができない場合は家庭裁判所が承継人を定めることになる。少し分かりにくいかもしれないので詳しく説明する。

　まず，祭祀財産とは，系譜・祭具・墳墓である。それぞれ，系譜は「先祖から子孫につながる一族のつながりを示す家系図」，祭具は「位牌，仏壇など」，墳墓は「お墓，墓地」を意味する。自分の家に仏壇がなくても友人宅やドラマ，映画などでみたことはあるだろうし，お墓もみたことはあると思う。そういった祭祀財産を受け継ぐ人は限定されるという話である。

　つまり，たとえば，上杉家の祭祀財産を受け継いだ上杉さんが，離婚によって武田という氏に復氏する場合，代わりに上杉家の祭祀財産を受け継いでくれる人を決めなければならない，ということである。

　そこで，この規定に対して，「家制度」的な規定ではないか，また，「氏」と「祭祀財産」が密接な関係を持ち過ぎではないか，ということが主張される。

　たしかに，かつての「家制度」の社会では，上杉家の仏壇や墓は，代々上杉家の長男系の者が引き継ぐことが当然であった。「家を継ぐ・家を守る」という考え方から，「氏」の異なる者に，そういった「先祖伝来」の財産を守ってもらうことは想定できなかったと思われる。

　そう考えると，現行の民法に，このような規定は適切であろうか。夫婦同氏の原則により，多くの女性が「婚氏」を名乗る現状をみると，女性が祭祀財産を継承して「復氏」した場合には，事実上，祭祀財産を「返還」することになる。「家制度」の名残だとして廃止を求める意見も十分に考えられる。個人の尊厳や平等といった

文言にも反するように思われる。

　しかしながら，次のような意見もある。たとえば，家制度はともかく，先祖を大切に敬うといった気持ちや伝統的な行事をなくす必要はあるのだろうか。また，わが国の風習や伝統，文化を守ることと，家制度的だとして廃止してしまうことは別次元の話ではないだろうか，といった意見である。

　男女平等などと同じく，こういった「家」や「氏」といった問題はとても繊細な問題でじっくりと議論するべきである。伝統や文化，もしくは長く続いてきたものに古いという烙印を押し，新しく発展していくことが進むべき道といえるのか，それともそういった古いものを引きずりながらも新しい基準との調和を図ることが進むべき道といえるのか。答えは難しいが，１ついえるのは，議論をせずにみえないフリをして進んでいくことは良くないということである。

第 **8** 章　親と私　私と子：親子

1　親　と　子

(1)　親　子　法

　親と子。改めて考えるまでもなく，親という男女がいなければ子は存在しないのであり，この**親子関係**と婚姻関係によって社会の基盤となる**家族関係**が構成される。親と子という関係には法律的な定めがなくても，自然的感情や愛情から生み出される「親子のつながり」によって，子の健全な育成や保護は期待できるであろう。しかし，さらに法的な親子関係における権利義務を保障することによって，子の利益はより高められることになる。このような親と子を取り巻く法律を，とくに**親子法**と呼ぶことがあるが，こういった呼び方がされることからも，人としての親子関係の重要性がみて取れるのである。

(2)　親子法の移り変わり

　ところで，人の社会が継続しているということは，「人が生まれ，また人を生む」という繰り返しが行われているからであり，それに対応するように親と子に関する法律には歴史がある。まず，はじめに登場する親子法は**家のための親子法**と呼ばれる。家や家族という集団が社会の中で重要な位置を占めていた時代において，その家をまとめる「戸主」に大きな権力が与えられ，子は家のために支配される立場として存在したのである。その後，家制度が弱体化していく中で，戸主が家族を支配するという関係は，父親を中心とした父権的思想のもとで，「夫」が「妻子」を支配するという関係にかわり，子は親のために支配される立場となったのである。この段階での親子法を**親のための親子法**と呼ぶ。そして，時代の流れとともに，夫婦と子という小さな家族構成（**核家族**という）が主流になると，子の福祉や子の利益が最優先におかれるようになっ

88

た。現在はこの段階の親子法の時代であり，**子のための親子法**と呼ばれている。

(3) 親と子の関係

親と子の関係，つまり，「つながり」を考える場合，単純で明快なのが，「父」と「母」との間に生まれた「子」という「血のつながり」を持った親子関係である。このような自然的血縁を前提とした親子関係を**実親子関係**と呼び，子を**実子**と呼ぶ。また，法律上の婚姻関係にある夫婦間に生まれた子を**嫡出子**と呼び，法律上の婚姻関係にない男女の間に生まれた子を**非嫡出子**と呼ぶ。

この自然的・生物学的に認められる親子関係に対して，法律のルールに基づいて人為的に親子関係を創設することも可能であり，この法律上設定される親子関係を**養親子関係**と呼ぶ。そして，この養親子関係における子を**養子**と呼ぶのである（養親子関係は第9章で説明する）。

> ☆コメント　**生物学的親子関係と法律上の親子関係は一致しない**
>
> 　自然的血縁のある親子は，血のつながった親子である。今では遺伝子のつながった親子とか DNA 的親子という方が良いかもしれない。いずれにせよ，生物学的親子といえる。ところで，民法が規定する親子関係は，生物学的親子関係ではなく，法律上の親子関係を規定しているといえる。もちろん，生物学的親子関係が大前提になっており，夫婦と子は生物学的にも親子ということが当然視される。しかし，現実には，生まれてきた子が，生物学的親子関係にない場合もある。民法は「妻が婚姻中に懐胎した子は，夫の子と推定する」（772条）と親子関係を規定しており，そこには「血」や「遺伝子」といったつながりを求めていない。それゆえに，細かい話になるが，実親子関係というのも「生物学的なつながりを前提とした法的親子関係」ということになる。養親子関係を除いた親子関係といえば，必ず「血のつながり」があると思いがちだが，親子法を学ぶ上では必ずしも「血のつながり」があるとは限らないので注意してほしい。

2　嫡出子とは

法律上の婚姻関係にある父母から生まれた子を嫡出子という。民法では，両親と子の関係，つまり，夫と子，妻と子の関係を証明するために，**嫡出子の推定制度**を定めて対処している。

(1)　推定を受ける嫡出子

① 婚姻による推定と夫婦の扱いの相違

「妻が婚姻中に懐胎した子は，夫の子と推定する」（772条1項）。あくまで推定ではあるが，嫡出子として認められるためには，まず，両親が法律上の婚姻関係になければならない。そして，婚姻中に生まれることよりも，婚姻中に**懐胎**，つまり，妊娠することが重視されている。

ところで，この規定は，妻と夫との扱いが明らかに異なる。妻と子との関係は「推定」ではなく「当然」という扱いであるが，夫と子との関係は「推定」という扱いを受けている。

この扱いの違いは，母と子の関係が**出産という事実**によって明確に判断されるためである。そこに「推定」は必要なく，妻（母）と自分の生んだ子との親子関係は単純に明らかとなる。一方，父であることに明確な事実はない。子を生む能力は女性にのみ備わっており，父と子の関係は，婚姻していることや夫婦の同居義務（752条）から推定される夫婦共同生活の中での性関係や夫婦双方の貞操義務といったことから推定されるだけなのである。

② 医学的な推定

次に，医学的な見地からも推定を受ける。つまり，「婚姻成立の日から200日を経過した後又は婚姻の解消若しくは取消しの日から300日以内に生まれた子は，婚姻中に懐胎したものと推定する」（772条2項）と規定されており，これは，**一定期間における懐胎の推定**といえるものである（いうまでもないが，この推定も，婚姻中の懐胎を推定しただけであり，父と子の関係を明確にするものではなく，同居義務や貞操義務といったことから推定されるものといえる）。

以上の772条1項・2項の二重の推定を満たす子は，夫婦の子としての推定を受けることになるから**推定を受ける嫡出子**と呼ばれる。

(2)　嫡出否認の訴え

法律上の夫婦の子として推定を受ける嫡出子であるが，先にも述べたとおり，妻は出産の事実により明確に子との親子関係が判断できるが，夫については明確には判断できない。そこで，夫が自分の子ではないと考える理由があれ

ば，嫡出子としての推定を否認しなければならない。これが**嫡出否認の訴え**（774条）である。

① 「嫡出否認の訴え」の要件

この「嫡出否認の訴え」は，**夫のみ**に認められ（774条），嫡出子とされる子の出生を知った時から**1年以内に提起**しなければならない（777条）。一方，訴えの相手側は，子または母であり，親権を持っている母がいないときは家庭裁判所が特別代理人を選任することになる（775条）。

訴えを提起できるのは夫だけであり，しかも，子の出生から1年以内に制限されているのは，かなり限定された内容である。これに対して，婚姻中に妻が懐胎したのであるから，夫が父親だという可能性が高いため，制限しても問題はないという見解もあるだろう。しかし，夫と子との関係は推定（772条）されているだけであるから，その推定を覆すための「嫡出否認の訴え」に制限を設けるのは，「父親としての可能性」だけでは説明不足である。

そこで，訴えを提起できる者を制限している理由として，**第三者から家庭の平和を守る**こと，つまり，興味本位での第三者からの訴えによって家庭が崩壊する危険性を考慮して制限されていると考えられる。また，1年以内に提起しなければならないのも，夫と子の**父子関係を早期に安定・確定させるため**であると考えられる。

夫は，1年が経過すれば嫡出否認の訴えができなくなるが，子の出生後，1年以内にその子が嫡出であること，つまり，自分（夫）と妻の子であることを承認したときも嫡出を否認する権利を失う（776条）。何をすれば「承認」したことになるか具体的には不明だが，名前をつけたり，出生届を提出したりすることでは「承認」にならないといわれている。

② 「嫡出否認の訴え」の問題点

夫のみが，子の出生を知った時から1年以内に訴えることができるという制限は，家庭の平和や早期の父子関係の安定・確定に有効な面もあるが，問題が起こる場合もある。まず，夫のみという制限から，子や母，そして，生物学上の父親からも，夫と子の父子関係を否認することができない。つまり，夫と子が生物学的に親子でない場合（血のつながっていない場合）でも，夫が否認の訴

えをしない限り，子や妻だけでなく生物学上の父親も，夫と子の法的な父子関係を否認して，生物学上の父と子の親子関係を認めさせることができないのである。

　次に，1年以内という制限があるために，夫は，1年が経過してしまえば，たとえ，自分の子ではないと気づいたとしても嫡出否認の訴えを提起できない。つまり，自分（夫）と妻との間の嫡出子でないことを知りながらも，その親子関係を否認できなくなるのである。

　このような問題があるにもかかわらず，法は，現実問題として，家庭の平和と早期の父子関係の安定・確定を重視しているのである。親子関係において，生物学的な親子関係が前提となるのは一般的な認識ではあるが，嫡出否認の制限が，法の考える優先順位の姿勢，つまり，「血のつながり」よりも，現実的に成立している親子関係を重視する姿勢を物語っているのである。

(3)　推定されない嫡出子

　772条2項の医学的な見地による嫡出推定の期間を簡略化すると「婚姻200日**後**から離婚300日以内」に子が生まれれば夫婦の嫡出子とされる。すると，「婚姻200日**以内**」に子が生まれた場合は，婚姻した夫婦の間の子であっても嫡出子とならないことになる。しかし，早産によって婚姻後200日以内に生まれることも考えられるし，実際，婚姻届を提出する前に同棲関係や内縁関係にある場合，または，俗にいう「できちゃった婚」であれば，200日以内に生まれることは十分考えられる。

　そこで，200日以内に生まれた子は，772条の嫡出推定を受けないが，婚姻している夫婦の嫡出子であると考えられることになり**「推定されない嫡出子」**として扱われることになった（大判昭和15・1・23民集19・54，最判昭和41・2・15民集20・2・202参照）。戸籍における事務もこの扱いに対応し，200日以内に生まれた子でも嫡出子として出生届を受け付けることになっている。

(4)　推定の及ばない子

　たとえば，法律上の夫婦に子が生まれたとする。しかし，夫は3年前から刑

92

第8章　親と私　私と子：親子

務所に服役中である。また，別の夫婦にも子が生まれたが，夫は3年前から長期の海外出張で一度も帰国していないし妻も一度も出張先を訪れていない。このような場合でも，婚姻中の懐胎であり，婚姻200日後の出産であれば，それぞれの夫婦の嫡出子として推定されてしまう。しかし，嫡出推定の根拠である夫婦共同生活から想定できる性関係の存在がない場合にまで，嫡出を推定するのはおかしな話であり不当である。そこで，このような場合には772条の適用はないと考えられており，生まれてきた子は**推定の及ばない子**となる。

　それではどのような場合に，推定が及ばないかというと，上記の例のように服役中や長期海外出張など，外観上，懐胎可能時期に明らかに別居していれば推定が及ばないと考えられる。これを**外観説**という。また，血縁を重視し，血のつながりやDNA鑑定，夫の生殖不能による親子関係の不存在が認められると推定が及ばないと考える**血縁説**（**実質説**）や，事実的に家庭が破綻していれば推定が及ばないとする**家庭破綻説**もある。最高裁判所は外観説の立場を採っていると考えられる（最判平成26・7・17判時2235・14民法百選Ⅲ28〈第2版〉）。

(5)　親子関係不存在確認の訴え

　推定されない嫡出子と推定の及ばない子は，772条の嫡出の推定を受けないので，父親が父子関係を否定したい場合は，嫡出否認の訴えで争う必要はなく，**親子関係不存在確認の訴え**で争うことになる。この親子関係不存在確認の訴えは，「夫のみが1年以内に訴えることができる」嫡出否認の訴えのような制限がないため，夫以外の者でも法律的な利害関係があれば，いつでも訴えを提起することができる。

　それゆえに，父子関係に疑問がある夫にとっては有益といえるが，その反面，推定されない嫡出子や推定の及ばない子は，いつでも訴えの対象となりかねないため，身分関係の安定が保障されていないといえるのである。

(6)　再婚禁止期間に反した再婚

　たとえば，A女とX男が離婚し，A女は離婚と同時にY男と再婚した。その後，離婚・再婚の日から**250日後**に出産したとする（通常，733条の再婚禁止期間

93

の規定があるため，離婚と同時に提出されたＡＹの再婚の婚姻届は受理されないが，誤って受理されたと仮定する）。

　そうすると，772条2項の「**婚姻200日後から離婚300日以内**」に子が生まれたことになり，200日後と300日以内の両方に当てはまることが分かる。

　つまり，「**婚姻200日後**」という内容に対して，ここでは**ＡＹの再婚から250日後の出産**であるから，**ＡＹの嫡出子**と推定される。

　また，「**離婚300日以内**」という内容に対しては，ここでは**ＡＸの離婚から250日後の出産なので300日以内**となり，**ＡＸの嫡出子**と推定される。

　このように，再婚禁止期間に反して再婚した場合，一定期間内に子が生まれると，離婚した夫と再婚した夫の両方に父親としての推定が重複されてしまうのである。子にとってはとても重要なことになり，このような場合，父を定める訴えを提起することにより，裁判所が父親を定めることになる（773条）。

3　非嫡出子とは

　法律上の婚姻関係にない男女の間に生まれた子は**非嫡出子**（嫡出でない子）と呼ばれる。また婚外子と呼ばれる場合もある。法律婚主義を採っているわが国においては，法律上の婚姻関係にある場合に法的な効果などを与えるのであるから，婚姻関係にない場合には何らかの差異が生じることになる。つまり，婚姻関係にない男女の間に生まれた子は，772条の嫡出の推定を受けることができないため，親子関係の推定を受けることができないことになる。そこで，嫡出でない子に対しては，父母の**認知**が必要となる。以下，認知について詳しくみていく。

　☆補足　非嫡出子の割合
　　　世界的にみれば，わが国の非嫡出子の割合は少ないといわれており，出生数の1パーセントから2パーセント未満程度である。これは，経済的な問題から法律婚の周知の問題までいろいろな理由があるだろうが，人工妊娠中絶が容易に認められることなども大きく影響しているといえる。

第8章　親と私　私と子：親子

(1) 母 子 関 係

「嫡出でない子は，その父又は母がこれを認知することができる」(779条)，つまり，法律上の夫婦でない男女の間に子が生まれた場合，親子関係を成立させるためには，父母双方ともに，その生まれてきた子が自分の子であるという意思表示が必要となる。これを**認知**という。

しかし，母と子の関係は「出産（**分娩**ともいう）という事実」によって明確である。もちろん，法律上の婚姻を重視するため，あえて母と非嫡出子との関係の成立に認知を求めるという考え方もあるかもしれない。しかし，裁判所は，母とその非嫡出子との間の親子関係は，原則として，母の認知をまたず，分娩（出産）の事実により当然発生すると解するのが相当である，という判断を示した（最判昭和37・4・27民集16・7・1247民法百選Ⅲ31〈第2版〉）。そのため，母子関係の成立に認知は不要となった。ただ，例外的に捨て子に関しては，母子関係を成立させるために認知が必要となる。

母子関係の明確さから，非嫡出子は母の氏を名乗ることになり（790条2項），母の戸籍に入る。そして，基本的に母親が親権者となる（819条4項）。

(2) 父子関係──認知とその効果

結局のところ，非嫡出子との親子関係に**認知**が必要となるのは，父子関係においてである。この認知には，父の意思を重視する**任意認知**と，父との生物学的なつながりを重視する**強制認知**がある。

① 任意認知

父の意思を重視する任意認知とは，父が非嫡出子を自分の子であると自ら認めることであり，たとえば，父が未成年者などであっても，意思能力があれば，認知を行うために，法定代理人の同意を必要としない。

> ☆補足　「意思能力」・「行為能力」
>
> 　「意思能力」とは，物事を自分で判断し，その判断に基づいて意思決定ができる能力をいう。明確な基準となる年齢はないが，大体7歳くらいになれば「意思能力」はあるといわれる。これに対して「行為能力」とは，財産上の権利や義務を発生させる法律行為などを一人でできる能力である。未成年者などはこの能力が不完

95

全である（制限行為能力者）から，保護者など（法定代理人）の同意を必要とすることによって保護が図られる。

☆補足 「法定代理人」
　「法定代理人」とは，未成年である親権者（親）のように財産の管理運用能力が適当でない者に代わって財産を管理運用し，法律行為を行う者を指す。

　任意認知の方法は，戸籍法の定めるところにより，認知届を提出するか遺言によってすることができる（781条，遺言については後で詳しく説明する）。自分の子を認知するため，原則として，父親の意思で認知ができ，認知される子の承諾を得る必要はない。しかし，次の3つの場合は承諾が必要とされる。
　① **子が成年に達している場合**　　子が成年に達していれば，その承諾が必要となる（782条）。これは，成年となった子の人格を尊重するためであり，また，親としての責任を放棄していた者が生活に困った場合，子に扶養させるために認知をするという，無責任な行為を阻止するためともいわれている。
　② **胎児を認知する場合**　　胎児の認知には母の承諾が必要となる（783条1項）。これは，母の名誉や利益を尊重するとともに，母のお腹にいる子が自分（父）の子であることを確認するためとされている。
　③ **子が死亡している場合**　　子が死亡している場合は子の直系卑属がいれば認知ができ，その直系卑属が成年に達していればその承諾が必要となる（783条2項）。相続権などを確保するため（後で詳しく説明する）には認知が必要となり，直系卑属が成年に達している場合は①と同じ理由である。
　② **任意認知の取消しと無効**
　認知をすれば，その認知は取消すことができない（785条）。もし，生物学的な親子関係がなくても，認知した者の自由な意思によって認知をすれば取消すことができないとされている。したがって，詐欺・強迫による認知は取消しができることになる。しかし，詐欺・強迫により認知をしたとしても，それが真実の生物学的な親子関係であれば取消しはできないとされている。また，成年となった子を認知する場合などに必要な「承諾」がなかった場合は，取消すことができるとされている。

次に，認知が無効となる場合であるが，たとえば，父と非嫡出子に生物学的なつながりがあっても，父の知らないところで勝手にされた認知は無効となる。また，生物学的なつながりがないにもかかわらず，認知した場合も無効となる。たとえば，父が生物学的な親子ではないことを知りながら認知しても，その認知を受ける子や利害関係人は，認知に対して反対の事実を主張して認知を否定できる（786条）。

③ 強制認知

認知という制度に，任意認知しか存在しなければ，父（場合によっては母）の意思次第で子は不利益を受けることになる。そこで，非嫡出子の保護のために生物学的なつながりを重視した強制認知の制度が設けられた。

この強制認知は，子，子の直系卑属，それらの法定代理人に認知の訴えを提起することを認め，父または母の生存中だけでなく死亡の日から3年を経過するまでは訴えを提起できる（787条）。父母の死亡後は，検察官が訴えられる側，つまり，被告となる。また，調停前置主義が採用されるため，訴訟の前に，まず調停を申し立てることになる。

問題は，父子関係の証明をどのように行うかである。母子関係のように，出産の事実がないため，その証明は難しい。そこで，かつては以下の4つの事実などを踏まえて，裁判官が総合的に父子関係を判断していた。

(a) 子の懐胎時期，子の母と父とされる者との性関係があった。

(b) 子の懐胎時期，子の母と他の男性との性関係がなかった。

(c) 血液型のつながりが認められる。

(d) 父として振舞った。

しかし，たとえば，子（原告）が父とされる者（被告）に対して認知を訴えた場合，被告側が(b)の事実に対して，「他の男性との性関係があった」と主張すると，原告側でそのような事実がなかったと証明することは難しく，また，酷なことである。そこで，4つの事実の内，(b)以外の事実などを総合して判断することになった。

☆コメント 「DNA鑑定」

　最近では，「DNA鑑定」が，親子関係を証明する手段として活用されはじめて
おり，技術的にも信頼度が高くなり，時間や費用においても有効といえる。しか
し，個人の遺伝子レベルの情報は，究極ともいえる個人情報であり個人のプライバ
シーであるため，その保護の観点から，問題も多い。たとえば，父子関係におい
て，父が「DNA鑑定」を拒否した場合，強制することはできないし，拒否した事
実をもって，父に不利な判断をすることも適切とはいえない。DNAの取り扱いと
親子関係，進化を続ける科学と法律とのバランスを考えなければならない。

④　認知の効果

　認知が認められると，法的な親子関係が，出生の時にさかのぼって成立する
（784条）。したがって，親権や扶養，相続などが発生することになる。ただし，
第三者の権利を害することはできない（同条ただし書）。

　ここで注意してほしいのは，**認知すれば嫡出子になるのではない**ということ
である。たとえば，父が非嫡出子を認知すれば，親子関係が認められるので，
嫡出子になると勘違いする場合がある。しかし，認知はあくまで「自分の子と
認めること」であり，認知をする前は，血のつながりはあっても，法的には他
人であり，認知をすることにより，はじめて法的に親子関係が認められるので
ある。だから，父母の「婚姻」という事実がない限り，嫡出子とはならず，認
知されても非嫡出子のままである。

(3)　準　　正

　法律上の婚姻をしていない男女に子が生まれると，その子は非嫡出子とな
る。その後，この男女が法律上の婚姻をした場合，順序は異なるが，結果的に
は嫡出子と変わらない親子関係が形成されることになる。そこで，このような
非嫡出子に嫡出子の身分を与える制度が考え出された。これが**準正**の制度であ
る（789条）。母子関係は出産の事実で明確になるので，父子関係において，父
の認知が婚姻前にされる場合と後にされる場合が考えられる。

①　婚姻準正（婚姻前の認知）

　婚姻していない父母の非嫡出子を父が認知し，その後，父母が婚姻すると，

非嫡出子はその**婚姻の時から嫡出子**の身分を取得する（789条1項）。

② 認知準正（婚姻後の認知）

　非嫡出子はいるが婚姻していない父母が婚姻し，その後，父が認知をすると，非嫡出子はその**認知の時から嫡出子**の身分を取得する（789条2項）。

　この場合，婚姻の時からではなく認知の時から嫡出子になると規定されているが，**婚姻の時から嫡出子の身分を取得すると解されている**。これは，死後認知ができるため（死亡後3年以内），「**非嫡出子の誕生→婚姻→父死亡→死後認知の時から嫡出子**」ということになれば，父死亡の時，その子は非嫡出子という身分のままであり，不利益を被ると考えられたからである。これでは同じ準正である婚姻準正との違いが生じるので，「婚姻」の時にさかのぼって嫡出子となると解されることになった。

　しかし，かつては相続において，非嫡出子の相続分は嫡出子の2分の1になるという差があったが，今はその差がなくなった。そのため，認知されていれば実質的な面において非嫡出子が不利益を受けることはない。これにより，認知準正において，認知の時からでなく，婚姻の時から嫡出子の身分を取得すると解さなければ，非嫡出子が不利益を被るということは実質的になくなった。

☆ちょっと考えてみよう　「法律論」と「感情論」

　15章からなる本書も，半分の8章までたどり着いた。ここで，ちょっと視点を変えて，「法律論」と「感情論」について，ちょっと考えてみてほしい。

　法律を学ぶときには，物事を法律的に考えなければならない。たとえば，隣家の柿の木が成長し，自分の家の庭にまで枝が伸びてきたとする。秋になると，隣家の美味しい柿の実が，自分の庭で収穫できてしまう。よほど，隣人と仲が悪くない限り，許可なく柿の実をとって食べたとしても問題にはならないだろう。しかし，法律でそのような場合に柿の実をとってはいけないと定められていれば，法律的には，隣家の柿の実を食べてはいけないと考えなければならない。堅苦しい話と思うだろうが，「1つくらい食べても大丈夫でしょう」と考えていては，法律を学ぶときに大きな矛盾が起こりかねないのである。

　このような法律論的な考え方に対して，「かわいそう」などの感情によって物事を考える場合があり，ここでは「感情論」と呼んでおく。一般的な感覚では，感情論の方が理解しやすい場合が多いだろう。

　そこで，身近な人々のことを考えるとき，感情的になるのは当然のことであるか

ら，家族法を考えるときには感情論を重視すべきか，それとも，家族法も法律なのであるから，少々，冷たい対応になっても法律論によるべきか，ちょっと考えてみてほしい。

　家族法を学ぶ上で，「法律論」と「感情論」は重要になる。なぜなら，家族法を考えるとき，法律的に考えなければならない場合でも，感情的になりやすいからである。とくに子について判断するとき，「かわいそう」といった感情が先行しがちである。

　たとえば，生まれてくる子には何の責任もないのだから，嫡出子や非嫡出子といった区分は撤廃しないとかわいそうだと考えることもできる。しかし，理由なく法律ができている訳ではないから，法律に従うべきだと考えることもできる。

第9章 血よりも濃い絆：養子

1 養子制度

(1) 養親子関係

養子制度とは，生物学的つながり，つまり，血のつながりではなく，法律のルールに基づいて人為的に親子関係をつくり出す制度である。血のつながりを前提とした親子関係を実親子関係と呼ぶのに対して，法律上設定される親子関係を**養親子関係**と呼び，**養親と養子との縁組**（**養子縁組**）によって親子関係が生み出されるのである。

親子法が家のため，親のため，そして，子のためという変化を遂げているのと同様に，養子制度も**家のための養子**，**親のための養子**，そして，**子のための養子**へと移り変わっている。

たとえば，江戸時代において，跡継ぎがいない家を承継させる目的で家のための養子が行われていた。その後，明治時代においても家のための養子は当然とされていたが，家の労働力を増やすためや芸妓（芸者，芸子）にするため，親の老後の世話をさせるためなど他の目的のために養子制度が利用され，親のための養子として活用されていた。その後，戦争孤児の救済や家庭に恵まれない子のために，子の福祉・利益が重視され，子のための養子が行われるようになったのである。

このように，わが国にはいろいろな活用方法のある養子制度が存在しているが，「子のため」に特化した養子制度として昭和62（1987）年から**特別養子制度**が導入された。そこで，従来の養子制度は**普通養子制度**と呼ばれている。

(2) 養子の実情

ところで，養子とはいうものの，わが国ではほとんどが成年に達している者

101

を養子にする養子縁組がなされており，年間約8万件の養子縁組の内，未成年者を養子とした縁組は1パーセント強である（ただし，再婚相手の連れ子を養子にする場合を含まない）。特別養子縁組も年間わずか数百件であり，家のため・親のためと思われる縁組が圧倒的に多数であるといって良いのかもしれない。しかも，未成年者の養子であっても10歳以上の子や親族の子が多く，これは，3歳未満の子や親族でない子を養子にすることが多いといわれる欧米と比べて，わが国の特質といえるのである。

2　普通養子縁組とは

わが国は普通養子縁組と特別養子縁組が制度化されているが，ほとんどは普通養子縁組を利用した縁組である。法律に基づいて人為的に親子関係をつくり出すということは，いわば契約を交わすようなものであり，その成立要件として**実質的要件**と**形式的要件**が準備されている。男女の婚姻と同じように養親と養子の縁組が成立するのである。

(1)　実質的要件　その1——主観的要件

普通養子縁組成立に必要な実質的要件は，さらに**主観的要件**と**客観的要件**に分けられる。まず，主観的要件について説明する。

①　縁組意思の合致

縁組を成立させるには，真実の親子関係と同様の関係を形成しようとする意思の合致が必要となる。明確な規定はないが，802条に「当事者間に縁組をする意思がないとき」には縁組を無効とすると定められているため，反対に解釈して，縁組を有効とするには縁組をする意思が必要となるのである。

しかし，親子関係にもいろいろあり，明確な基準を設定することは難しいといえる。そうすると，社会通念上，つまり，一般的に認められるような親子関係をつくり出そうとする**実質的意思**が必要となるのか，養子縁組届を提出して親子関係を成立させようとする**形式的意思**で足りるのかが問題となる。裁判所は実質的意思を必要としているが，ただ，実際には，社会通念上認められる親

第9章　血よりも濃い絆：養子

子関係の創設以外の目的，つまり，扶養や相続のために縁組がなされる場合も
あり，縁組自体が社会的に妥当と認められるかどうかで判断することになると
いえる。

　養子縁組の特有な問題として，養子となる者が成年に達している（成年養子）
か，未成年者であるかによって，縁組意思にも違いが生じる。

　ⅰ　**成年養子の場合**　　親子関係をつくり出すといっても，成年養子の場合に
は，もはや養子の親権や監護・教育といった問題は生じない。仮に親子として
の密接な関係が求められるとしても，子が成年に達していれば，実親子関係で
あっても幼少期のような密接な関係を持たないのが一般的だろう。そうすると
扶養や相続といった目的で縁組がされることになり，このような目的が縁組意
思を欠くとは言い切れないので，有効な縁組となる。

　ⅱ　**未成年者の場合**　　未成年者の場合は，親子関係をつくり出すことによっ
て，親権の問題や監護・教育の問題が発生し，未成年者保護の必要性と親子の権
利義務関係を設定・実行していく意思が養親に備わっているかが問題となる。

　②　**代諾養子縁組**

　養子縁組をするということは，親と子という身分関係をつくり出すことであ
るから，本人の縁組意思が重要となる。しかし，養子となる者が15歳未満のと
きは，法定代理人が縁組の承諾をすることができると定められている（797
条）。これを**代諾養子縁組**と呼ぶ。15歳未満の者の判断能力不足を補い，法定
代理人（親権者・後見人，監護者がいるときは同意が必要）が承諾という形で縁組
に関係することにより子の利益や福祉に配慮した縁組が期待されるのである。

(2)　実質的要件　その2──客観的要件

　普通養子縁組の成立に必要な実質的要件の内，客観的要件は5つ存在する。

　①　**養親の年齢**

　成年に達した者は養親となることができる（792条）。養子を監護・教育し，
親権の行使や法律行為を行うために必要な要件である。成年擬制（753条）によ
って成年となった者が養親となることができるかどうかは議論されており，実
務的には養親になれるようであるが反対意見も存在している。

103

② 尊属・年長者養子の禁止

親族の中でも尊属にあたる者や自分より年長の者を養子とすることはできない（793条）。養親となろうとする者からみて，親やおじ・おばなどは尊属にあたるため養子とすることはできないが，弟や妹，孫などは尊属ではないため養子にできる。また，1日でも自分より年長者を養子にすることはできないが，1日でも年少であれば養子にできる。ただ，たとえば，自分よりもおじが年少である場合，いくら年少であっても尊属であるため養子にはできない。

☆補足　自分より年少のおじ・おば

自分の親に兄弟姉妹が沢山いる場合，たとえば，親が7人兄弟姉妹の第1子である場合，7番目の第7子との間には20歳くらい歳の差がある場合がある。そして，第1子が18歳で婚姻し自分が生まれた場合，自分の方が第7子であるおじ・おばよりも年上になってしまうのである。

③ 後見人と被後見人との縁組

後見人が被後見人を養子とする場合には家庭裁判所の許可が必要となる（794条，後見人については後で詳しく説明する）。たとえば，後見人の仕事は，被後見人（後見される人）の財産の管理などであるため，後見人が被後見人を養子にしてしまえば，被後見人である養子の財産を養親が都合の良いように利用したり，不正な財産の処理をごまかしてしまう可能性がある。そのため，家庭裁判所の許可を必要としているのである。

④ 配偶者のある者の縁組

配偶者のある者が縁組をする場合，新しい親子関係がつくり出されることになり配偶者にも何らかの影響があると考えられる。

ⅰ　夫婦共同縁組
配偶者のある者が未成年者を養子にする場合，配偶者とともに養子としなければならない（795条）。つまり，夫婦双方でその未成年者を養子とする必要がある。一般的に，子の健全な成長には両親がそろっている方が良いと考えられるため，夫婦双方が養親となるのである。

また，配偶者の一方が未成年養子を望み他方が望まないときに，配偶者の一方とだけ縁組が結ばれた場合，その夫婦の家庭に未成年養子が迎えられたとし

ても，その子のために良い環境とはいえない可能性がある。そこで，縁組に対する夫婦双方の意思確認と未成年者を保護する意味も兼ねているといえる。

ただし，一方の配偶者の未成年子を他方の配偶者が養子とする場合，いわゆる**連れ子養子**の場合は，一方の配偶者と連れ子は元々親子関係があるので，他方の配偶者だけで縁組ができる。また，夫婦の一方が意思を表示することができない場合にも他方の配偶者だけで縁組できる（795条ただし書）。

ⅱ　**他方配偶者の同意**　　夫婦共同縁組（795条）以外の場合，配偶者のある者が縁組をするときは他方の配偶者の同意が必要となる（796条）。たとえば，配偶者のある者が成年を養子にするときや配偶者の連れ子を養子とするときなどである。また，養親となる場合だけでなく，配偶者のあるものが養子となるときも，単独で縁組はできるが配偶者の同意が必要となるのである。

このような同意の必要性は，人為的に親子関係をつくり出すことによって相続や扶養などさまざまな影響が発生するため，最も影響を受けるであろう配偶者に対する配慮といえる。

⑤　**未成年者の養子（未成年養子）**

未成年者を養子とする場合は，原則として**家庭裁判所の許可**を得なければならない（798条）。ただし，自分や配偶者の直系卑属を養子とする場合は裁判所の許可は不要である。代諾養子縁組や夫婦共同縁組などと同様に未成年者を保護する規定の1つである。

家庭裁判所の許可を必要とする理由は，縁組が養子となる子のために有益なものとなり，子の福祉・利益が守られるかを積極的に判断するためである。ただ，実際には養子となる子の不利益な縁組を阻止しようとする消極的な判断がされているようである。

(3)　形式的要件

普通養子縁組を成立させる形式的要件は，**縁組届の提出**である（799条により，婚姻届の提出の規定（739条）が準用されている）。婚姻届と同様であり，当事者双方および成年の証人二人以上が署名した書面を提出するか，もしくは口頭で行う。

(4) 縁組の効果

① 法定血族関係

養子縁組の最大の特徴として，養子は，**縁組の日から養親の嫡出子**となる（809条）。つまり，法律上の婚姻をした夫婦間に生まれた子（嫡出子）と同等の身分を与えられるのであるから，扶養関係や相続関係などが発生する。

嫡出子となるのだから，養子と養親の血族との間には**法定血族関係**が発生する（727条）ことになるが，養親と養子の元々の血族，つまり，養子の実親などとの間には血族関係が発生することはない。また，「縁組の日」からの関係であるから，たとえば，養親Xと養子Aの養子縁組が結ばれる前に，すでに養子Aに子Bがある場合，養親Xと子Bには血族関係は発生しない，つまり，XとBは，おじいさんと孫という関係にはならない。逆に，縁組の日の後に，養子Aに子Cが生まれれば，XとCは血族関係となり，おじいさんと孫という関係が発生する。

また，親子となるのだから，養子となれば養親の氏を名乗ることになる（810条）。ただし，婚姻によって氏を改めた者が婚氏（婚姻中に名乗る氏）を名乗るべき間は，養親の氏を名乗らなくて良い（同条ただし書）。たとえば，XとYが婚姻してXを婚氏とした場合，Yが養親Aの養子になっても，Yは養親の氏であるAではなく，婚氏であるXを名乗り続けて良いのである。逆に，Xが養親Bの養子になった場合，Xは養親の氏であるBを名乗り，それとともにYもBを名乗ることになるのである。

その他，養子となる者が未成年者であれば養親が親権者となる（818条2項）。また，戸籍には養子であることが記載されるとともに，養親（養父母）と実親（実父母）の氏名も記載される。

② 実親との関係

普通養子縁組のもう1つの特徴として，血のつながりを前提とした実親子関係は，そのまま継続する。つまり，養子は，養親との間に扶養や相続などの関係が発生するとともに，実親との間の扶養や相続などの関係も継続して持つことになる。

第9章　血よりも濃い絆：養子

3　普通養子縁組の解消

(1)　縁組の無効と取消し

①　縁組の無効

　縁組が無効となるのは「人違いその他の事由によって当事者間に縁組をする意思がないとき」(802条1号) と「養子縁組届を提出しないとき」(同条2号) である。婚姻の無効 (742条) と内容的にも同様な規定であり (第3章3参照)，この無効も裁判所の判断がなくとも当然無効であると考えられている。また，縁組意思を欠く無効な縁組であっても，後で縁組に同意すれば「追認」したものとして有効な縁組となる。

②　縁組の取消し

　縁組の取消し要件については，以下のように，それぞれ対応する条文を示しながら明確に規定されている (803条以下)。

- (a)　養親が未成年者である場合 (804条，792条に対応)
- (b)　養子が尊属または年長者である場合 (805条，793条に対応)
- (c)　後見人と被後見人の無許可縁組の場合 (806条，794条に対応)
- (d)　配偶者の同意がない場合 (806条の2，796条に対応)
- (e)　監護者の同意がない場合 (806条の3，797条2項に対応)
- (f)　未成年者の縁組で家庭裁判所の許可がない場合 (807条，798条に対応)
- (g)　詐欺または強迫の場合 (808条1項，747条に対応)

　縁組の取消しも婚姻の取消しと同様，遡及効がないので，縁組が取消されるまでは有効な縁組が続き，取消しが確定すれば縁組の効力が失われる (808条1項，748条に対応)。

(2)　縁組の解消──離縁

　法律に従い人為的につくり出した養親子関係もさまざまな理由から解消が望まれる場合がある。婚姻と離婚との関係のように，縁組にも**離縁**の制度がある。離縁は，離婚の法制度と類似するところが多く，**協議離縁・調停離縁・審**

107

判離縁・裁判離縁によって離縁の問題に対処している。

☆補足 「離婚」と「離縁」
　「離婚」と「離縁」は法制度的に似ているため、「離縁」の説明でも「離婚」との比較がなされることが多い。漢字を読み間違えることで「離婚」と「離縁」の理解が混乱するので，注意してほしい。

① 協議離縁
　縁組の当事者は協議，つまり，話し合いによって離縁することができる（811条）。**実質的要件**として**離縁意思が合致**していること，**形式的要件**として**離縁届の提出**が必要となる。離婚の場合と同様，離縁意思について**実質的意思説**と**形式的意思説**があるが，離縁の場合は実質的意思説が採られているようである。
　次に，離婚には類似する規定がない離縁の特質として**代諾離縁**と**未成年養子離縁**がある。
　① **代諾離縁**　養子が15歳未満の場合，離縁後に法定代理人となる者，つまり，未成年の養子を離縁後に監護教育する者が必要となり，協議離縁する場合は，その法定代理人と養親とが協議することになる（811条2項）。これが**代諾離縁**である。本来なら，当事者同士で協議するべきであるが，15歳未満という年齢を考慮したものである。
　離縁後に法定代理人となる者は，ほとんどが実父母である。実父母が離婚している場合は，協議でどちらか一方を親権者と定め（811条3項），この協議が調わない，またはできないときは家庭裁判所が審判する（811条4項）。法定代理人となる者がいないときは，利害関係人などの請求によって，家庭裁判所が後見人となるべき者を選任することになる（811条5項）。
　② **未成年養子離縁**　養親が夫婦である場合，未成年養子と離縁する場合は，夫婦が共に離縁しなければならない（811条の2）。ただし，夫婦の一方が意思を表示できないときは不要である（811条の2ただし書）。
② 調停離縁・審判離縁
　離縁の協議が調わなければ，**調停前置主義**によって，まず調停が行われる。

この調停が成立すれば離縁となるが不成立の場合は調停に代わる審判が行われ，この審判も異議により効力がなくなれば裁判離縁となる。

③　裁判離縁

裁判離縁も裁判離婚と同様，訴えの提起ができる原因を限定している。

(a)　一方による悪意の遺棄（814条1項1号）

(b)　一方の生死が3年以上不明（同条同項2号）

(c)　その他縁組を継続し難い重大な事由があること（同条同項3号）

ただし，(a)や(b)の場合でも，裁判所が縁組を継続すべきだと判断するときは離縁の請求を棄却できる（814条2項，770条2項の準用）。

④　死後離縁

当事者同士の協議や裁判とは少し異なるが，縁組の当事者の一方が死亡した場合，他方の生存している当事者が離縁を望めば，家庭裁判所の許可によって離縁できる（811条6項）。

(3)　離縁の効果

離縁が成立すれば，養親子関係は終了し，養子と養親の血族との法定血族関係も終了する（729条）。しかし，「養子と養子の配偶者，養子の直系卑属とその配偶者」と「養親とその直系尊属」であった者同士では離縁後も婚姻はできない（736条）。これは，解消したとはいえ親子関係，直系親族関係にあったため，社会倫理的にみて不適当と考えられるからである。

また，養子は，原則として離縁により縁組前の元々の氏に戻る（復氏）が，縁組期間が7年を超えていた場合は，離縁の日から3ヶ月以内に届出をすれば，養子のときの氏を名乗ることができる。これを**縁氏続称**という（816条）。7年間という期間の設定は，「氏」の変更のために，容易に縁組・離縁制度が利用されないようにするためだとされる。

養子が祭祀財産の承継者となった後に離縁すれば，協議により自己に代わる承継者を決めなければならない。協議が調わない場合や協議ができない場合は家庭裁判所が承継者を決定することになる（817条，769条の準用）。

ところで，離縁には**財産分与**の規定はないが，不当な離縁や養親子関係を破

綻させる責任が一方にある場合などは慰謝料の問題が起こる。とくに，長期間，養親子関係を結んでいれば，財産の形成にも協力しており，潜在的な持分があると考えられるため，離婚の財産分与における清算（第7章3参照）と同じような処理が必要といえる場合が考えられる。

4　特別養子縁組とは

(1)　「子のため」

　昭和62（1987）年に導入され，翌年から施行された**特別養子縁組**は，民法の中では比較的新しい法律であり，「**子のため**」の養子制度を目指したものである。できる限り実親子関係に近い養親子関係をつくり出すために法整備がされており，しかも，心理的にも安定した親子関係が形成できるように配慮されている。最大の特徴の1つとして，特別養子となれば，実の親や親族（**実方**という）との関係が断絶する，つまり，法的に実方との親子関係がなくなるのであり，これは普通養子縁組にはない大きな相違点である。

①　養親の感情

　古くから，家庭に恵まれない子の福祉や利益を考え，温かい家庭での成長を期待し，安定した環境を整えることが求められていたといえる。欧米においても，身寄りのない幼い子を迎え，養育するために養子制度が活用された。

　しかし，わが国の養子縁組（普通養子縁組）はいろいろな目的に利用可能な制度である。また，自分の子が養子であることを知られたくないという養親が多く，戸籍をみれば「養子」と記載されている普通養子縁組を嫌い，「子のため」に養子であることを隠そうとする傾向が強かった。

☆補足　特殊な感情

　　かつては「血のつながり」を重視し，一般的に，ある人の子が養子であることを知った場合，敏感に反応し，理由のない負のイメージを持ってしまうという事実があった。この事実が養親の「隠しておきたい」という感情をさらに高めていたことも否定できない。普通養子縁組では，こうした養親の感情に良い形で応えることができず，「子のため」に有効活用はできなかったのである。

第9章　血よりも濃い絆：養子

② 「藁（わら）の上からの養子」

そこで養親の感情に応え，実質的に子の利益を図るために，生まれたばかりの他人の子を引き取り，養子縁組をせずに育てるということが行われた。これは，養子として育てるのではなく，**自分の実子として虚偽の出生届**を提出し，戸籍に虚偽の記載をさせた上で育てるという，本来，あってはならない行為であった。このような行為を「**藁（わら）の上からの養子**」と呼ぶ。

しかし，いくら養親の感情が満たされようが，虚偽は虚偽であり，しかも，確信犯的に「藁（わら）の上からの養子」を実施する医師が現れ，大きな社会問題となったのである（菊田医師事件）。

ただ，皮肉なことに，社会問題となったことにより，「子のため」の早急な法整備が期待され，**特別養子縁組制度**の誕生を早める結果となった。

☆コメント　菊田医師事件

　　宮城県の産婦人科医師・菊田昇医師は，堕胎を希望する女性に，命の尊さを説き，また，堕胎による母体へのダメージも考え，出産するように説得していた。しかし，女性側としては生まれた子を育てることができない事情があった。そこで，菊田医師は，子どもができない夫婦に生まれた子を引き取ってもらっていたのであるが，養子としてではなく，実子として育てたいという希望が強かったため，夫婦の嫡出子であるとして出生届を作成していた。当然，虚偽の出生届であるため犯罪行為であり，昭和48（1973）年，ついにこの事実が明るみに出た。大きな社会問題となり，現実的に子の幸せを実現したといえる菊田医師の行為を賞賛・歓迎する動きもあったが，犯罪行為であることは事実であり，結局，菊田医師は略式起訴され医師法違反に問われた。菊田医師は法廷で争う姿勢をみせたが，子の生みの親と，実質的に親子として暮らしている家庭の平和を考え，争うことなく略式命令を受け入れたのである。菊田医師の犯罪行為は，実に19年間におよび，約220名の子が，この世に誕生することができ，家庭を得ることができたといわれている。

(2)　特別養子縁組の成立

特別養子縁組を成立させるには，養親となる者の請求により，**家庭裁判所が審判**する必要がある（817条の2）。普通養子縁組が養親と養子の意思の合致による契約的な制度であるのに対し，特別養子縁組は，子の福祉を重視し，家庭裁判所が介入することによる国家の後見的で厳格な判断がされる制度である。

111

実質的な要件として6つの要件がある。

① 夫婦共同縁組

養親となる者は配偶者のある者でなければならない（817条の3）。また，夫婦が共に養親となる必要がある。ただし，夫婦の一方が他方の嫡出子の養親となる場合（**連れ子養子**）は夫婦の一方のみで良い。

普通養子縁組における未成年養子の共同縁組と同様，両親のそろっていることが，子の福祉に貢献すると判断されているのが分かる。

② 養親の年齢

養親は25歳以上でなければならない。ただし，夫婦の一方が25歳未満であっても20歳に達していれば養親となれる（817条の4）。つまり，一方が20歳でも他方が25歳の夫婦であれば良いことになる。

③ 特別養子の年齢

特別養子となる者は，家庭裁判所に縁組の請求をする時に6歳未満でなければならない。ただし，6歳未満のときから養親となる者に監護されていた場合は8歳未満であれば特別養子となれる（817条の5）。

実親子関係に近い関係をつくり出そうとする特別養子縁組の性質上，特別養子となる者は幼少である方が良い。また，②と③の要件により，ある程度，現実的な**親子の年齢差**が確保される。

④ 父母の同意

特別養子縁組を成立させるには，特別養子となる子の実の父母の同意が必要とされる（817条の6）。特別養子縁組によって，実の父母や親族（実方）と特別養子となる子との法的親子関係は断絶するので，実の父母の同意が必要とされるのである。しかし，父母が意思を表示できない場合や虐待，悪意の遺棄，その他子の利益を著しく害する事由があれば，同意は必要とされない。

⑤ 子の利益のための特別の必要性

特別養子縁組は，実の父母による，特別養子となる子の監護が著しく困難または不適当であること，その他特別の事情がある場合において，子の利益のためにとくに必要があると認められるときに成立する（817条の7）。

家庭裁判所が審判するにあたり，子の福祉・利益を考え，判断を下すための

重要な要件といえる。

⑥　監護の状況

養親となる者が親としての必要な監護能力を備えているか，また，特別養子となる子と養親となる者が良好な親子関係を築くことができるかをみる必要がある。そのために，6ヶ月以上の試験養育期間が設けられ，監護した状況が考慮されるのである（817条の 8）。

(3)　特別養子縁組の効果

「子のため」に成立した特別養子縁組には，普通養子縁組にはみられない**特別な効果**が準備されている。当然，養子縁組であるから養子縁組一般の効果として，養親の嫡出子となり，養親の氏を名乗り，養親が親権者となる。また，特別養子と養親および養親の血族との間に親族関係ができる。

①　実方との親族関係の終了

特別養子縁組の最大の効果として，特別養子と実の父母およびその血族との親族関係が終了する（817条の 9）。ただし，夫婦の一方が他方の嫡出子の養親となる場合（連れ子養子）は除く。たとえば，ＸＹとＸの嫡出子Ａがいる場合，Ａが特別養子となって，夫婦ＸＹと子Ａの生活がはじまるとすれば，実の親であるＸとＡとの関係が断絶されることは無意味である。ちなみに，親族関係終了後も，婚姻障害（近親婚の禁止）は残る。

②　戸籍の記載による配慮

「藁（わら）の上からの養子」や菊田医師事件は，戸籍に「養子」であるという真実を記載させないために起こったという一面を持つ。戸籍記載の配慮とは，戸籍に「養子」と記載しないという，現実的で事実上もっとも求められていた効果である。しかしながら，戸籍の真実性を失うことは大きな損失であり，本来，許されるべきことではない。つまり，問題点としては，「養子であることを知られたくない養親の感情」「戸籍の信頼性の保持」「特別養子とはいえ実の親を知る権利はあるか」「近親婚を避けるための配慮などをいかに戸籍に反映させるか」などである。

そこで，普通養子縁組であれば，実親の戸籍から養親の戸籍に移り，その養

113

親の戸籍には「養子」という文言が記載されるのだが，特別養子縁組では以下のような手順を踏むことになる。

　〈Ⅰ〉　実親の戸籍から特別養子となる子が除籍される。

　〈Ⅱ〉　特別養子となる子だけの戸籍（単身戸籍）を作る。そのときの氏は養親の氏とする。

　〈Ⅲ〉　単身戸籍から養親の戸籍に入籍する。単身戸籍は通常の戸籍簿から除籍簿に移り，戸籍の請求も制限される。

　実親の戸籍と養親の戸籍との間に単身戸籍が入ることにより，直接的に調べることができないように配慮がされている。しかも，養親の戸籍には「養子」などの文言が消え，「長男」「長女」といった記載がされる。

　ただし，戸籍上，完全に実親子関係のように記載することは難しい。近親婚の関係や特別養子が成長したときに，実の親を知る権利を妨げることはできない。そこで，養親の戸籍の身分事項欄に「民法817条の2による」裁判確定により入籍したという文言が記載される。たしかに直接的に「養子」という文言はないが，この「民法817条の2による」という記載がどれほどの影響力を持つかが問題といえよう。

③　特別養子縁組の解消──離縁

　実方との法的親子関係を断絶して，養親と特別養子との間に「本当の親子」にできるだけ近い関係をつくり出すように創設された特別養子縁組であるので，離縁は認めるべきではない。しかし，現実的に特別養子縁組を継続させることが子の利益を損なう場合もあるため，原則として養親からの離縁を認めず，離縁を請求できる者を特別養子，実父母または検察官に限定し，要件を設けることによって離縁を認めている（817条の10）。離縁を認める要件は厳格に定められており，以下の2つの要件を両方満たさなければならない。

　〈Ⅰ〉　養親による虐待，悪意の遺棄その他養子の利益を著しく害する事由。

　〈Ⅱ〉　実父母が相当の監護をすることができる。

　☆ちょっと考えてみよう　「藁（わら）の上からの養子」の結末

　　「藁（わら）の上からの養子」は，本来，あってはならないが，子を授かること

第9章　血よりも濃い絆：養子

ができない夫婦にとっては「実子」として子を育てることができ，何の罪もない子にとっては，この世に生まれ，成長することができるのであるから良いことである。その上，子を育てることができない事情がある実の親にとっても，ありがたいことだといえよう。

　そこで考えてほしいのは，たとえば，夫Ｘと妻Ｙ夫婦の子として，「藁（わら）の上からの養子」である子Ａが成長したとする。妻Ｙは自宅で小さな会社を経営しており，子Ａは働ける年齢になってから，ずっとその会社で働き，ＹとＡの努力によって会社はそれなりの利益を生むようになった。その後，Ｙが死亡し，夫Ｘと子Ａだけの生活がはじまったが，ＸとＡとの間で修復不能なほどの親子喧嘩が起こった。親子の関係を修復できない上に，Ｙがはじめた利益の出ている会社をＡが引き継いでいることにも腹が立ったＸは，これまで秘密にしていた「藁（わら）の上からの養子」という事実をＡに告げるとともに，実の親子ではないので家から出て行くように伝えた。このような場合，Ａはどうなるのであろうか。

　感情論的には，いまさら出て行けというＸが非難されるだろう。しかし，実の親子ではないという事実は変わることはない。もちろん，「藁（わら）の上からの養子」であっても，親子として良好な関係のまま生涯を過ごす場合がほとんどであると思われる。しかしながら，このＸとＡのように関係がこじれる場合もある。そこで，Ａは出て行かなければならないのだろうか。それとも，実の親子ではないと知った後でも，同じ家に住み続けることができるだろうか。法律的にはいろいろと難しい問題であるが，今の時点で自分がどう考えるかを考えてほしい。

　余談ではあるが，こういったＸとＡとの例題などを考えると，子供がほしいといった感情や子供がかわいそうといった感情を優先させて，法律を無視してしまうと，数十年が過ぎた後，結局のところ，誰かが傷つくことがある。感情を持たない法律は万能ではないが，人の感情というものも万能ではないのである。

115

第10章　子どもを育てる責任：親権・後見

1　親と子にある権利義務

(1)　親と子の関係の難しさ

親と子の関係は，実は難しい問題を持つ。親と子がそれぞれ独立した個人であることを尊重すれば，親には子を育てる責任はないだろう。また，親のいうことを聞かなければならないのであれば個人としての子は否定されることになる。しかし，現実問題として，子が未成年の場合に保護が必要であるのは明白であり，平等や対等，個人の尊重などは，親と子の関係においては必ずしも成立しないといえるのである。

(2)　親の権利から義務へ

このような親と子の関係を明確にするため，かつての「家制度」の時代には，戸主の権利や親権は，子に対する支配権として存在し，親の「権利」という性質を示していた。しかし，現在では，親権は親の責任を果たすために認められた権利として捉えられており，親の「権利」から，親の「義務」へとその役割を変化させているといえる。子の利益のために行使される権利といっても良い。このような変化は世界的にもみられるようであり，ドイツでは「親権」を「親の配慮権」と変更しているところからも，親と子の特殊な関係を物語っているのである。

2　親　権——親の義務と責任

親権とは，親が未成年の子を監護・教育し，その子の財産を管理するための権利義務である。親にとって子はいつまでも「子」であるが，親権で問題とな

第10章　子どもを育てる責任：親権・後見

るのは未成年の子であるということに注意してほしい。

(1)　親権に服する子

親と子の関係で親権が成立する子は，「成年に達しない子」である（818条1項）。先に述べたように，何歳になっても親にとって子は子だが，ここでは，成年に達しない子が対象となる（4条）。ただし，成年擬制（753条）により成年とみなされた者は親権には服さず，仮に成年になるまでに婚姻関係が解消（離婚，死別など）したとしても，親権には服さないとされている。

(2)　親権者となる者

①　父母の共同親権

親権を行使する者（**親権者**）は，原則的に実父母である。父母の婚姻中は，父母が共同して親権を行使する（818条3項）。これを**共同親権の原則**という。夫婦双方が子の監護教育について対等の責任を負うべきであることから求められる原則である。ただし，父母の一方が親権を行使できないときは，他の一方が行使（**単独親権**）することになる。たとえば，夫婦の一方の長期海外出張や服役など，事実上，親権を行使できない場合や親権を喪失した場合などが考えられる。

☆コメント　対立する共同親権

　親権の共同行使といっても，父母の意見が対立する場合がある。たとえば，時間的・金銭的に両立することができない子の習い事で，父が「テニスをさせる」といい，母が「お花を習わせる」といって対立した場合，どちらに決定権があるか，民法には規定されていない。良好な家族関係であれば，対立は収まるだろうが，最終的に離婚問題にまで発展する可能性もある。とはいえ，裁判所が「お花の方が良い」と決めるのもおかしい。結局は家族の問題になるが，いずれにせよ，親権の共同行使で裁判沙汰になれば夫婦関係は破綻しているといえるだろう。

②　父母の一方が死亡した場合

父母の一方が死亡した場合，生存している親権者の単独親権となる。失踪宣告（30条）の場合も同様と考えて良い。父母の双方が死亡した場合は，後で詳

117

しく説明する「後見」の問題となる。

③ 父母の離婚の場合

父母が離婚した場合，通常，別々に生活することになるから，共同親権を維持することは難しい。そこで，協議離婚であれば，その協議で父母の一方を親権者に決定する（819条1項）。協議が調わない場合は，家庭裁判所が協議に代わる審判を行い，親権者を決める（同条5項）。裁判離婚の場合も，裁判所が親権者を決定する（同条2項）。父母のどちらを親権者に選ぶかは，監護の実績や将来の監護の問題，子の意思の尊重，乳幼児の母性優先など，それぞれ総合的に判断しなければならないが，実際には7割以上が母を親権者としている。

また，妊娠した後，出産前に離婚した場合は，母が親権者となる（同条3項）。ただし，生まれた後，協議で父を親権者とすることもできる（同条同項ただし書）。

ところで，離婚後，親権者となった一方が死亡したときは，通常，後で詳しく説明する「後見」の問題になるとされているが，実際は，生存している他方の父母が親権者となっているようである。

④ 養親の場合

養子縁組により，養子は，実父母の親権ではなく養親の親権に服することになる（818条2項）。普通養子も特別養子も同様である。

⑤ 非嫡出子の場合

非嫡出子の場合は，母が親権者となる。父が認知すれば協議により父を親権者とすることができる（819条4項）。

⑥ 親が未成年の場合

たとえば，未成年である母が法律上の婚姻をせずに子を生んだ場合，母は婚姻をしていないので成年擬制（753条）されずに未成年のままであり，その子は非嫡出子となる。

ところで，**親権者は行為能力者**でなければならないとされている（第8章3(2)①補足参照）。なぜなら，親権は，子の監護教育だけでなく，**財産の管理**をしなければならないため，行為能力者としての管理が求められるからである。

そうすると，未成年である母は，行為能力が認められない未成年者であるた

第10章　子どもを育てる責任：親権・後見

め，自分の子の親権者にはなれない。そのため，母が未成年の場合は，その母の親権者（または後見人）が，その非嫡出子の親権者となり親権を行使することになる（833条・867条）。

　☆補足　未成年である母の親権者
　　　つまり，「非嫡出子→その非嫡出子の親である未成年の母→その未成年の母の親」ということであり，祖父母が孫の親権者になるということである。

⑦　親権者の変更が必要となる場合

　父母の一方が単独で親権者となった場合，その親権者の監護能力や教育方法などから判断して，子の利益のために必要があると認められるときは，家庭裁判所は，父母の他の一方に親権者を変更することができる（819条6項）。

(3)　親権の内容——身上監護権

　親が未成年の子を監護・教育し，その子の財産を管理するのが「親権」であるとすると，親権の内容は「監護・教育」と「財産管理」に分けられる。前者が**身上に関するもの（身上監護権）**であり，後者が**財産上に関するもの（財産管理権）**である。まず，身上に関するものについてみていく。

　☆補足　親権というもの
　　　親と子の関係について，3つの類型が考えられている。
　　〈Ⅰ〉　子を社会人として成長させるため，身体的に監護し，精神的発達のため教育する（身辺監護）。
　　〈Ⅱ〉　子の財産を管理し，財産上の法律行為の同意や代理をする（行為監護）。
　　〈Ⅲ〉　子の生活費や養育費の経済的負担を負う（経済的監護）。
　　　そこで，〈Ⅰ〉と〈Ⅱ〉に対応するために親権の制度があり，〈Ⅲ〉に対応するために扶養の制度がある。また，離婚の際に決める監護者は，〈Ⅰ〉に対応しており，監護者がいる場合の親権は〈Ⅱ〉のみである。
　　　親権の内容は，〈Ⅰ〉の「身上監護権」と〈Ⅱ〉の「財産管理権」となる。

①　身上監護権

　「親権を行う者は，子の利益のために子の監護及び教育をする権利を有し，義務を負う」（820条）と規定されており，包括的・抽象的に**身上監護権**を定め

119

ている（包括的規定という）。そこで，**監護**とは身体的な成長を監督・保護することであり，**教育**とは精神的な発達を図ることであるから，子の利益のために心身共に健全な社会人として育成することが求められている。

この包括的な身上監護権のもとに，具体的な内容として，居所指定権・懲戒権・職業許可権が定められている。

② 居所指定権

子は，親権者の指定した場所に，居所を定めなければならない（821条）。つまり，子は，親が決めた場所に住まなければならず，親は，監護教育するために子の住む場所を決めることができるということである。

③ 懲 戒 権

親権者は，必要な範囲で自ら子を懲戒することができる（822条）。つまり，親は，子の監護教育を行う上で必要最小限の範囲で，実力をもって子を「叱る」もしくは「制裁を加える」ことができる。この規定は，必要な範囲であれば実力をもって懲戒しても，親は罪（暴行罪など）に問われないということを示している。もちろん，必要な範囲を超える懲戒は**虐待**行為として親権の濫用となり犯罪行為となる。

「しつけ」の範囲はそれぞれの家庭で異なるが，この規定は，子に対する暴力や虐待を肯定している訳ではないので注意してほしい。

④ 職業許可権

子が，職業を営むためには，親権者の許可が必要となる（823条）。職業を営むということは，自分で会社をつくって仕事をする場合と他人に雇われて働く場合の両方を意味するとされている。ただし，子にその仕事は不適当であると親権者が判断した場合は，許可を取消したり，内容を制限することができる。社会経験や判断能力が不足している未成年者を保護する規定といえる。

⑤ 身分上の行為の代理

本来，身分上の行為は，本人が行うべきであるが，親権者は，子に代わって一定の身分行為をすることができる。たとえば，子に代わって認知の訴えを提起（787条）したり，15歳未満の子の養子縁組を代諾（代諾養子，797条）することなどができるのである。

第10章　子どもを育てる責任：親権・後見

☆コメント　「身分上の行為」と「財産上の行為」

　　基本的に，「身分上の行為」は，自分自身の意思決定で行うべきであり，他人に
　代わってもらうものではない。たとえば，婚姻して夫婦となるのは自分自身の決定
　である。一方，「財産上の行為」は，他人に代わってもらうことも可能である。た
　とえば，大企業の社長が，大きな取引から事務員のボールペンの購入まで，すべて
　契約しなければならないとすると経済は停滞してしまう。

(4)　親権の内容——財産管理権

　親権の内容として身上監護権とともに重要となるのが**財産管理権**である。と
ころで，生まれてきた環境によって異なるだろうが，一般的に，未成年の子の
財産といっても管理が必要となる場合は少ない。考えられる状況としては，祖
父母が孫に巨額の財産を贈与した場合や，若くして才能が開花し未成年の内に
プロのスポーツ選手として成功した場合など，限られた場合である。

①　財産の管理と代理

　親権者は，子の財産を管理し，財産に関する法律行為について子を代表する
と規定されている（824条）ことから，財産管理権は**財産の管理**と**代理**に分けら
れる（824条の「代表」は「代理」を意味すると考えて良い）。

　ⅰ　**財産の管理**　　財産の管理とは，子の財産を利用したり保存したりする
だけでなく，必要な範囲で財産を処分することもできるということである。

　ⅱ　**代理行為**　　財産について代理するとは，子の財産を売却したり贈与し
たりする法律行為を代理して行うことができるということである。

　ところで，親権者が夫婦で共同親権を行使している場合，夫婦双方が子の法
律行為に対する同意や代理をしなければならない。そうすると，夫婦の一方が
他方の同意を得ていないのに子の法律行為に対する同意をした場合，その法律
行為は無効ということになってしまう。しかしこれでは取引の相手方が不利益
を受けるので，相手方が悪意でなければ，つまり，夫婦双方の同意を得ていな
いことを知らなければ，夫婦の他方の同意がない場合でも法律行為は成立する
（825条）。

　このように，親権者は，子の財産について影響力を持つので，子の財産を管
理する際には，「自己のためにするのと同一の注意をもって」管理することが

121

求められている（827条）。

② 利益相反行為

① **利益相反行為とは**　親権者の代理行為において問題となるのは，親と子との利益が衝突する場合である。これを**利益相反行為**と呼ぶ（826条）。

たとえば，親の財産を子に贈与する場合は，子が不利益を受けることはないので利益相反の問題にはならない。しかし，子の財産を親が買い取る場合，売買契約の当事者である子を親が代理するので，この契約の当事者は「親」と「子を代理する親」になる。つまり，実際には「親」が一人で自由に契約できることになるため，異常な低価格もしくは高価格での売買が可能になり，どちらか一方に不利益が生じる可能性がある。

そこで，親権者は，親と子の間で利益が相反する場合，子のために**特別代理人を選任**することを家庭裁判所に請求しなければならない。また，複数の子がいる場合，子同士の間で利益が相反するときにも特別代理人を選任する必要がある（826条2項）。

仮に，親権者が，利益相反行為を特別代理人の選任なしに行った場合は，親権者の行為は**無権代理行為**（113条以下）として権利のない者の行為となるので，子が成年に達した後に追認しない限り，子には効力がおよばないことになる。また，共同親権を行う父母の一方と子の利益が相反する場合，利益相反の関係にある親権者は特別代理人の選任を求め，その特別代理人と利益相反の関係にない親権者が共同して，子の代理行為をするべきだとされている（最判昭和35・2・25民集14・2・279民法百選Ⅲ48〈第2版〉）。

ⅱ **利益相反行為の判断基準**　ところで，どのように利益相反行為を判断するかは重要であり，形式的判断説と実質的判断説が対立している。

〈Ⅰ〉 **形式的判断説**

　　利益相反があるかどうかは，行為の外形から形式的に判断するべきであり，行為の目的などを問わないとする説。

〈Ⅱ〉 **実質的判断説**

　　利益相反があるかどうかを，行為の動機，目的，結果など実質的に判断すべきとする説。

第10章　子どもを育てる責任：親権・後見

　裁判所の判断としては，形式的判断説を採っている。たとえば，母の借金の
ために，母が子を代理して，子の所有する土地に抵当権を設定した場合，その
借金が子の養育費にあてるためだとしても，利益相反行為になると判断した
（最判昭和37・10・2民集16・10・2059）。子の養育費にあてるという，実質的な必
要性に迫られた行為であっても，利益相反行為であると判断されるのである。

☆コメント　実質的判断説の主張

　　仮に，母が子を代理して，子の名義で借金するとともに子の土地に抵当権を設定
した場合，形式的判断説では，子の借金のために子が土地を抵当に入れたというこ
とになるため，母と子の間には利益相反はないと判断されてしまうかもしれない。
実質的に，その借金を子の養育費だけでなく親が自分のために使ったとしても，利
益相反行為にならないと判断するのは，取引の相手を保護することにはなるかもし
れないが，子の利益を損なう可能性が高い。そこで，実質的判断説の有効性が主張
されているのである。

(5)　親権の終了

　当然ながら，子が成年に達すれば，親の親権は終了する。その他，子の成年
擬制や死亡などによっても終了する。親も死亡すれば親権を失うが，生存して
いても親権が終了する場合があり，たとえば，**親権喪失**や**親権辞任**がある。

①　親権喪失

　かつては親権者が親権を濫用，または，著しく不行跡であるときは，家庭裁
判所は**親権の喪失**を宣言することができる（834条）という規定であったが，平
成23（2011）年に大きく改正された。父母による「虐待又は悪意の遺棄がある
とき」その他「親権の行使が著しく困難又は不適当であることにより子の利益
を著しく害するとき」に親権喪失の審判ができる。たとえば，必要な範囲を超
える懲戒や子の財産を親権者のために処分する場合など子の福祉に反する場合
が考えられる。「虐待」や「子の利益」が明記されたことに親子関係の複雑さ
がみてとれるといえよう。ただし，2年以内に虐待などの原因が消滅する見込
みがあるときは親権喪失ではなく，後述の新設された「親権停止」で対応する
ことが求められる。

　親権を喪失すると，親権者は，身上監護権や財産管理権を失うことになる。

しかし，あくまで親権を喪失するだけであるから，親と子の扶養義務や相続権などは影響を受けない。

また，親権者の管理方法が悪かったため，子の利益を害するときは，家庭裁判所は，**財産管理権喪失**の審判ができる（835条）。財産管理権のみの喪失であるので，身上監護権は影響なく存続することになる。

なお，親権と財産管理権の喪失の宣言は，その喪失の原因が消滅した場合，本人や親族の請求によって宣言を取消すことができる（836条）。

② 親権辞任

親権者は，やむを得ない事由があるとき，家庭裁判所の許可を得て，親権または財産管理権を辞任することができる（837条1項）。「やむを得ない」事由とは広範囲にわたるが，たとえば，重病による不在や長期の服役など，また，財産管理能力が不適当であるといった事由が考えられる。なお，やむを得ない事由が消滅すれば，家庭裁判所の許可を得て，親権または財産管理権を回復することができる（同条2項）。

③ 親権停止

父母による親権の行使が困難または不適当であること，たとえば虐待などがある場合，子の利益のために緊急な対応が必要となる。しかし，親権の喪失は，親と子の関係に与える影響が大きいため，判断が難しくその対応が遅れる場合がある。そこで柔軟な対応を目指した親権停止制度が平成23（2011）年に新設された。家庭裁判所は子の心身の状態および生活の状況その他一切の事情を考慮して，2年を超えない範囲で，親権停止の審判をすることができる。

3　後　見——父母に代わる存在

未成年者は，親権に服することになるが，さまざまな理由から親権を行使する者，つまり，親がいない場合があるので，親に代わって未成年者を保護するために**後見**（**未成年後見**）という法的保護の制度がある。

しかし，法的保護を必要とするのは未成年者に限らない。知的・精神的能力が十分でないため，事理を弁識する能力，つまり，物事の道理や筋道を理解す

第10章　子どもを育てる責任：親権・後見

る能力を欠く者に対しても保護は必要である。とくに，高齢化社会が進む中，高齢者の保護を，その高齢者の親に求めるのは難しい。そこで**後見**（**成年後見**）の制度が利用される。

(1)　未成年後見制度

未成年後見は，未成年者を保護する者がいなくなった場合，つまり，父母の死亡や父母が親権を喪失した場合などに利用される（838条）。未成年者にとって親権による保護は重要であるため，親権を継続させる制度といえる。

①　未成年後見人の選任

後見を行う者を**未成年後見人**と呼び，後見される未成年者を**未成年被後見人**，または，単に**被後見人**と呼ぶ。

未成年後見人の選任方法としては，未成年者に対して最後に親権を行う者が，遺言（後で詳しく説明する）で指定する方法があり，指定された者を**指定未成年後見人**と呼ぶ（839条）。最後の親権者による指定がない場合は，未成年被後見人またはその親族などの請求によって，家庭裁判所が選任することになり，選任された者を**選定未成年後見人**と呼ぶ（840条）。また，父母が親権または財産管理権を喪失した場合なども，父母の請求により未成年後見人が選任される（841条）。

かつては，未成年後見人は一人でなければならない（旧842条），とされていたが，平成23（2011）年の改正で削除された。そのため複数の未成年後見人の選任も可能となった。

なお，未成年後見人を監督するために，**未成年後見監督人**をおくことができる。選任方法は，未成年後見人と同様である（848条・849条）。

②　未成年後見人の権利義務

未成年後見は親権の継続という性質を持つので，未成年後見人は，親権者と同様の権利義務を持っている。つまり，居所指定権（821条），懲戒権（822条），職業許可権（823条）といった身上監護権を有しており（857条），また財産管理権についても同様である（859条・860条，本章2(4)参照）。ただし，親権者が決めた教育の方法や居所を変更する場合などは，未成年後見監督人がいるときは，

125

その同意が必要となる（857条ただし書）。

③ 未成年後見の終了

未成年後見は，親権と同様，未成年者が成年に達すれば終了し，成年擬制や死亡による終了の他，正当な理由による辞任（844条）などによって終了する。

(2) 成年後見制度

知的・精神的能力が十分でないため，事理を弁識する能力，つまり，物事の道理や筋道を理解する**能力を欠く者**の保護として**成年後見制度**があり，とくに高齢化の進むわが国では，その社会的役割が期待されている。

以前は，禁治産・準禁治産という制度が存在していたが，利用しにくい上に保護の実効性が低いなどの反省点から，平成11（1999）年に大改正が行われ，法定の成年後見制度として導入された。この成年後見制度は，その理念として，「自己決定の尊重」「残存能力の活用」「ノーマライゼーションの実現」の3つを掲げ，本人の保護と本人の意思を尊重する制度であり，**成年後見・保佐・補助**という3つの類型により構成されている。

☆補足 「ノーマライゼーション」
　　障害のある人や高齢者も家庭や地域で通常の生活をすることができるような社会をつくろうという考え方。

また，この法定の成年後見制度とともに，**任意後見契約制度**も新設され，成年後見は2つの制度によって成り立っている。以下では，まず，法定の成年後見制度について説明する。

① 成年後見の対象者

成年後見制度の対象者（**成年被後見人**）としては，認知症などの高齢者だけでなく，脳に何らかの障害を持つ知的障害者や交通事故などにより記憶障害のある者，ストレスや精神疾患などから精神障害を持つ者などが考えられる。

② 成年後見人の選任

成年後見は，本人，配偶者，4親等内の親族などの請求により，家庭裁判所が後見開始の審判を行うことによって開始する（7条，838条2号）。このとき家

第10章　子どもを育てる責任：親権・後見

庭裁判所は，有能な適任者を成年後見人に選任するために，成年被後見人の心身の状態や財産状況などとともに，成年後見人となる者の職業や経歴など一切の事情を考慮して判断することになる（843条4項）。

　未成年後見人と同様，成年後見人は複数人でも良いため，子や配偶者などの親族と専門的な知識を持つ者を選任することができる（843条3項）。そして，成年後見人には法人がなることも認められるので（843条4項括弧書），幅広い役目や対応が期待できるのである。

☆補足　成年後見人になる法人

　　高齢者が，いわゆる「老人ホーム」などの施設に入所している場合，後見制度の目的などから，そうした施設を運営している社会福祉法人や医療法人を成年後見人に選任することが有益であると考えられる。

　また，成年後見人を監督するため，成年後見監督人を選任できる（849条）とともに，家庭裁判所も後見を監督する権限がある（863条）。つまり，成年後見人，成年後見監督人，家庭裁判所という体制で後見を行うことができる。

③　成年後見人の事務（権利義務）

　成年後見人の職務としては，成年被後見人の**療養看護**と**財産管理**に関する事務があり，これらを行う際には，成年被後見人の意思を尊重し，心身の状態や生活の状況に配慮しなければならないと定められている（858条）。

　まず，療養看護とは，実際に食事の世話などの介護を行うということではなく，介護が必要であると判断されたときに，成年被後見人を代理して介護契約を行ったり，介護施設への入所の契約を結んだりする法律行為をすることが想定されている。

　次に，財産管理であるが，成年後見人は，成年被後見人の財産を管理し，その財産に関する法律行為について代理する権限を持っている（859条）。成年被後見人が高齢者であれば，さまざまな財産を持っている場合が考えられるので，**利益相反**の関係になる場合は，**特別代理人の選任**が必要となる（860条）。また，成年被後見人の住居となっている建物や敷地の売却や賃貸などをする場合には，家庭裁判所の許可が必要となる（859条の3）。

127

④ 成年後見の終了

　成年後見は，成年被後見人の能力が回復して後見開始の審判が取消された場合や死亡した場合の他，正当な事由による辞任（844条）などにより終了する。

(3) 保 佐 と は

　保佐とは，精神上の障害により事理を弁識する**能力が著しく不十分な者**（成年被後見人よりも軽度の精神障害を持つ者など）について，本人，配偶者，4親等内の親族などから家庭裁判所に保佐開始の審判が請求され（11条），保佐が開始する（876条）。審判を受けた者が**被保佐人**で，保佐する者が**保佐人**となる。

　被保佐人は，13条1項に掲げられている，不動産などの売買や訴訟行為をすることなど，重要な法律行為について，保佐人の同意を必要とし，保佐人の同意がない行為については取消権が認められる。また，保佐人には後見人のような代理権は与えられていないが，家庭裁判所の審判により，特定の行為については代理権が与えられる（876条の4）。その他，成年後見人に関する規定が保佐人に準用される（876条の2など）。

(4) 補 助 と は

　補助とは，精神上の障害により事理を弁識する**能力が不十分な者**（被保佐人よりも軽度の精神障害を持つ者など）について，本人，配偶者，4親等内の親族などから家庭裁判所に補助開始の審判が請求され（15条），補助が開始する（876条の6）。審判を受けた者が**被補助人**で，補助する者が**補助人**となる。

　補助人は，被補助人のために，特定の法律行為について補助人に同意権または代理権を付与するように，家庭裁判所に審判の請求をすることができる（876条の9）。ただし，被補助人以外の請求により審判をする場合は，被補助人の同意が必要となる。

(5) 任意後見契約制度とは

　任意後見契約制度は，民法に規定されておらず，「**任意後見契約に関する法律**」という特別法によって規定されている。

第10章　子どもを育てる責任：親権・後見

　この制度は，精神上の障害により事理を弁識する能力が不十分な状態になる場合に備えて，自分の療養看護・財産管理に関する事務の全部または一部を委託し，委託した事務について任意代理権を付与する委任契約であり，家庭裁判所が**任意後見監督人**を選任した時から，効力が発生する（任意後見契約法2条1号）。つまり，本人が判断能力を十分持っている間に**任意後見人**を選んでおき，判断能力が不十分になったときに，家庭裁判所が任意後見監督人を選任すれば，任意後見人による後見が開始されるのである。

　この任意後見契約制度と法定の成年後見制度が重複する場合は，任意後見契約制度が優先する。これは，本人の意思・自己決定を尊重するためである。

☆ちょっと考えてみよう　「しつけ」と「虐待」

　「泣きやまないので叩いたら，ぐったりとして，そのまま死んでしまった」というように，親が自分の子である乳幼児を死亡させる事件は後を絶たない。「育児ノイローゼ」という言葉もあるように，一人の人間を育てるということは簡単なことではない。もちろん，甘やかすだけが育児ではなく，その子の将来を考えて，最低限の「しつけ」をすることは親の責任である。ただ，「しつけ」のつもりが「虐待」と考えられる場合もあり，親権を喪失させる方が，子にとって有益なときもある。それでは，「しつけ」と「虐待」との分岐点はどこにあるのだろうか。ちょっと考えてみてほしい。

　性的虐待は完全に「虐待」であるが，育児の過程で，やむを得ず実力を行使する「しつけ」もあるだろうし，言葉による「しつけ」や，罰として食事を与えないという「しつけ」もあるだろう。ただ，これらの「しつけ」は「虐待」に発展する場合があり，その境目の判断が難しい問題となる。

129

第**11**章　一人ではない：扶養・生殖技術

1　人として生まれ生活すること

(1)　扶養してもらう理由

　自分の財産や労力，能力だけでは生活することができない場合がある。たとえば，子が，大学に通うために親元を離れて一人暮らしをはじめた場合，アルバイトをして学費や生活費のすべてをまかなうことも不可能ではないが，たいていの場合は月々，生活費の仕送りをしてもらっているだろう。これは，親と子の間の当たり前の行為であるが，この仕送りのように，生活することができない者を経済的に援助することを**扶養**という。

　しかし，学生で資力がないような場合だけではなく，扶養してもらう理由にもいろいろある。たとえば，幼少または高齢者である場合や病気療養中である場合，失業による経済的困窮なども考えられる。一人で生きていけないときこそ助け合いが必要となるのである。

(2)　親族法の締めくくりとして

　ここまで，婚姻や親と子，養子，親権などをみてきたが，とくに養親子関係以外の親と子の関係は，法律上の夫婦の子であれ，内縁の男女の子であれ，生物学的または血のつながりを前提とした「自然的」な親子関係を元に展開してきた。

　ところで，科学技術，医療技術の発展はめざましく，いくら切望しても子を授かることができなかった夫婦にも，自分たちの子を育てる可能性をつくり出した。この**生殖補助医療の発展**により，子どもがほしいと願う夫婦の精神的安定や幸福感は計り知れないものがあるといえよう。

　ただ，倫理的な問題をはじめ，法律的にも問題は山積している。一人の人間

第11章　一人ではない：扶養・生殖技術

が生まれてくることには変わりないが，そこには，親と子の生物学的つながり，法的つながり，社会の理解，伝統・文化的思想，親の感情，子の幸福など考えなければならない問題は数多く存在するのである。そして，この問題は，そもそも親子とは何かという基本的な問題にまで行きついてしまう。

　親族法を締めくくる問題として，最後に「新しい親子の関係」についてみていきたい。

2　扶養の必要性

　法律上の夫婦には同居・協力・扶助義務（752条）があり，これは生活していく中での相互の協力・助け合いであるが，当然，そこには経済的な協力も含まれている。また，親権は，子の監護教育などの権利義務であるが，やはり，経済的な面を無視することはできない。このように，生活をしていくには経済的な問題は切り離すことができないのであり，さまざまな理由から経済的に困窮する者が存在するということは現実的問題である。そのために**扶養**という制度が設けられている。

(1)　扶 養 と は
　そこで改めて**扶養**とは，自分の財産や労力，能力だけでは生活することができない者に対して，その者に必要な経済的援助を与える制度である。

　ところで，さまざまな理由により経済的困窮に陥った者に対しては，通常，国や地方公共団体による支援が想定され，**生活保護法**などがその典型となる（**公的扶助制度**）。このような国などの経済的援助を**公的扶養**と呼び，民法で定める扶養を**私的扶養**と呼ぶ。

　そうすると，公的扶養と私的扶養が重複する場合があるが，生活保護法では，まず，生活困窮者自身の資力や能力を生活の維持のために活用することが求められており，その上で，生活保護法の保護に優先して民法の扶養制度を活用することが求められている（生活保護法4条）。私的扶養が公的扶養よりも優先することになる（**私的扶養優先の原則**）。つまり，国などの公的扶養よりも先

131

に，親族による扶養が必要となるのである。

(2) 扶養の種類

扶養には2種類あり，**生活保持義務**と**生活扶助義務**と呼ばれている。

① 生活保持義務

自分と同等の生活を相手に保障する義務。つまり，夫婦間の扶養義務や親の未成熟子に対する扶養義務であり，家族としての共同生活における自然的な関係の中での扶養関係である。

② 生活扶助義務

自分に経済的な余裕がある範囲において生活を援助する義務。つまり，親族として求められる扶養義務であり，自分の身分相応な生活を犠牲にすることなく余裕がある限度で扶養すれば足りるとされている。

> ☆コメント 「生活保持義務」と「生活扶助義務」をたとえるならば
> 　中川善之助博士によると，「生活保持義務」は，「最後に残された一片の肉まで分け与えるべき義務」と表現され，一方，「生活扶助義務」は，「己の腹を満たして後に余れるものを分かつべき義務」と表現されている。

(3) 扶養義務者

経済的に援助を与える者を**扶養義務者**と呼ぶが，親族の内，親等の近い者，つまり，血縁の近い者が選ばれる。まず，直系血族と兄弟姉妹は，当然，扶養義務者となり，**絶対的扶養義務者**と呼ばれる（877条1項）。次に，特別の事情がある場合，家庭裁判所の審判により，絶対的扶養義務者を除く3親等内の親族（血族・姻族を問わない）が扶養義務者となり，**相対的扶養義務者**と呼ばれる（877条2項）。夫婦については，婚姻により扶養義務がある（752条参照）。

ただし，相対的扶養義務者については，おじやおばなどにまで扶養義務が広がることから，思わぬ負担を強いることになりかねない。そこで，「特別の事情」を厳格に判断し，たとえば，かつて経済的援助を受けていたという事実や，幼いころから実質的に育ててもらっていたというような事情がなければ，相対的扶養義務者は負担を負わないと考えられる。

第11章　一人ではない：扶養・生殖技術

☆コメント　兄弟姉妹の扶養義務
　　たとえば，両親をなくし，働いている姉と高校生の妹が生活しているとする。すると，妹に対する扶養義務者は姉となる。しかも，私的扶養優先の原則から，姉の収入という事実により，高校生の妹が公的扶養として生活保護を求めても保護を受けられない可能性がある。これでは本来の扶養の目的を果たしているとはいえない。あくまで１つの例であるが，こういったことから兄弟姉妹を絶対的扶養義務者とすることには批判が多いといわれている。

(4)　扶養の順序・程度

　扶養の順序として，扶養義務者が複数いる場合は，誰が一番はじめに扶養するかを当事者が協議で決める。もし決まらなければ，家庭裁判所の審判で決めることになる。逆に，扶養される者（**扶養権利者**）が複数いる場合で，扶養義務者の資力では全員を扶養することができない場合も，どのような順序で扶養を行うか協議し，決まらなければ家庭裁判所が決定することになる（878条）。順序を法律で定めていないのは，協議や裁判所の審判によって柔軟な扶養を行うためだとされる。

　扶養の程度も，当事者の協議によるが，協議が調わなければ家庭裁判所の審判により決定される。その際，家庭裁判所は，扶養権利者の需要や扶養義務者の資力など一切の事情を考慮して，扶養の程度を決めなければならない（879条）。基本的に，扶養料として考えられるのは，衣食住などの必要経費，医療費，教育費，相当な範囲での娯楽費などである。

(5)　扶養の方法

　扶養の方法としては，扶養義務者が扶養権利者を引き取って世話をする**引取扶養**と金銭などを支給する**給付扶養**とがある。

　どちらの扶養方法を選ぶかは，扶養義務者の自由であるが，一般的には金銭給付扶養が選ばれており，毎月扶養料を支払う方法が多いようである。

☆コメント　「引取扶養」
　　高齢化社会が進む中，子が老親を引き取る「引取扶養」は，今後，問題になるといわれている。給付扶養よりも扶養義務者の自発的な行動が求められるので，老親

と扶養義務者の家族との関係などが懸念されている。また，給付扶養と異なり「引取扶養」は強制することが事実上できないため，トラブルが起こる危険性を持っているといえるのである。

(6) 過去の扶養料

扶養の性質として，扶養が必要となった扶養権利者の現時点での生活を守るために経済的援助が行われる。だから，過去にさかのぼって扶養料を求められることになると，扶養義務者にとって思わぬ負担を強いることになる。つまり，たとえば，扶養義務者が，扶養権利者の困窮を何十年間も知らなかった場合，その何十年分もの扶養料を一度に請求されることになれば，扶養義務者にとってはあまりに酷な話である。

しかしながら，複数の扶養義務者がいるのに，その内の一人だけが扶養料を支払わない場合，他の扶養義務者の実質的な負担は大きくなり，不公平な結果となる。この場合，他の扶養義務者は，支払いをしない扶養義務者に過去の扶養料を含めて求償，つまり，自分たちが立て替えていた金額の支払いを求めることができるだろうか。

☆例　示

　絶対的扶養義務者の関係にある兄弟姉妹（ＸＹＡ）の内，Ａが病弱で長期入院しているため，Ｘが20年近くにわたり病院代や衣類などの世話をしていた。その間，Ｙはまったく協力していない。そこで，ＸがＹに対して，将来の扶養料に加え，過去の扶養料の求償を求めた。

　Ｘの請求は認められるか。

（この例示の元は東京高決昭和61・9・10判時1210・56家族百選50〈第7版〉）

このような場合，裁判所は，過去の扶養料の求償を認めている。しかし，問題となるのは，どこまでさかのぼって求償させるかであるが，その判断として，「どの程度遡って求償を認めるかは，家庭裁判所が関係当事者間の負担の衡平を図る見地から扶養の期間，程度，各当事者の出費額，資力等の事情を考慮して定めることができるものと解するのが相当である」として，明確に基準

第11章　一人ではない：扶養・生殖技術

を示していない。総合的な判断が求められるといえる（ちなみに，この例示の元の判決では，Xは約10年分の求償を求めたが，あまりさかのぼるのは妥当でないとして，5年分の求償が認められた。20年近く扶養していたXにとって公平な結果かどうかは不明である）。

3　新しい親子の関係──生殖補助医療と親子

　親族法の締めくくりとして，今後，わが国でもさらに問題になるであろう**生殖補助医療**と親子の関係についてみていきたい。

　婚姻している夫婦の間に，子ができるかどうかは自然の摂理であり，また，お互いの身体的・精神的な問題であった。しかし，技術の進歩はそのような自然の産物を人工的に可能にするところまで進んだ。自分たちの子がほしいと願う夫婦にはこの上ない朗報である。ただ，この生殖補助医療の問題は，これまでの子を授かるという「自然的」な感覚とはまったく違った「技術的」な行為であるため，社会全体にとってどのような影響があるかなど，十分な議論が必要といえるのである。

(1)　人 工 授 精

　人工授精には，夫の精子を人為的に妻の胎内に注入する技術である**配偶者間人工授精**（**AIH**: Artificial Insemination by Husband）と，第三者により提供された精子を利用する**非配偶者間人工授精**（**AID**: Artificial Insemination by Donor）がある。いずれの場合も，妻が分娩（出産）するので，母子関係には問題が発生せず，妻と子の親子関係が認められる。

　そこで，夫と子の関係が問題になる。AIH の場合は人為的な部分を除けば，通常の懐胎と変わらないため，嫡出推定（772条）も適用できるだろう。生物学的にも法的にも問題はないといえる。

　一方，AID の場合は，嫡出の承認（776条）により嫡出子と認めることは可能であり，夫と子の関係は，法的には問題がないといえる。しかし，生物学的な問題は永遠に残る。たとえば，生物学的つながりのある精子提供者が，何ら

135

かの形で子の出産後に登場した場合，いかに対処するかが問題となる場合が考えられる。もし，このような場合に生物学的つながりを無視し，精子提供者と生まれた子の生物学的なつながりのある親子関係を認めないとすると，そもそも親子鑑定に生物学的つながりを証明するDNA鑑定を利用すべきでないことになる。逆に，生物学的つながりを無視する理由がない，つまり，生物学的につながっている者同士を親子と認めないのは不自然だという主張が強くなれば，生物学的親子と法的親子についての明確な区分けとそれに対処するための明確な法整備が必要とされるだろう。

　実際には，精子提供者は匿名となり，提供を受けた夫婦や生まれてきた子は，誰が精子提供者かを知ることはないと思われる。そして，提供者自身も，誰に提供されたかを知ることはないだろう。そうすると，可能性は低いだろうが，近親婚の問題などが生じるかもしれない。

(2) 体外受精

　体外受精は，精子と卵子を母体外で受精させ，その受精卵（胚）を妻の胎内に移植するという技術である。人工授精が母体外で行われたということであり，AIH・AIDと同様の解釈・問題がある。また，提供卵子による体外受精も問題となる。

(3) 代 理 懐 胎

　もっとも法的に問題が生じるのが**代理懐胎**といえる。これは，母体外で受精させた受精卵（胚）を妻以外の女性（**代理母**）の胎内に移植する技術である。

　まず，母子関係であるが，分娩（出産）した女性が母とされているので，代理懐胎の場合は，代理母が母となる。つまり，出産を依頼した妻が母と認められないため，人工授精や体外受精で認められる母子関係すら認められない結果となる。しかも，妻の卵子を利用している場合は生物学的つながりがあるにもかかわらず，母子関係が認められないので，法的・生物学的な混乱が生じる。

　その上，出産を依頼した妻，代理母，卵子を提供した女性がすべて異なる場合もありうる。このように，3人の女性が登場することになれば，混乱はさら

第11章　一人ではない：扶養・生殖技術

に増すため，「実際に監護・養育する妻」「分娩（出産）した代理母」「卵子を
提供した生物学的つながりのある女性」のいずれを「母」と考えるのが，より
適切であり，しかも，子の利益になるのかを考えなければならない。

　一方，父子関係では，妻が懐胎・出産したのではないから嫡出推定はできな
いので認知が必要となる。もちろん，精子を提供したかどうかで生物学的問題
も生ずる。その上，代理母が婚姻していれば，代理母の夫が「父」と推定され
てしまうため，その対処も必要となるのである。

(4)　現実の問題

　現実の問題として，重大な事実が発生している。それは，**凍結精子**という技
術を用いて，夫の死亡後，亡き夫と妻との間に子が懐胎・出産されてしまうと
いう，自然界ではありえない親子関係の発生である。実際，凍結精子を利用し
て生まれた子の身分関係や相続の問題が起こっている（最判平成18・9・4民集
60・7・2563民法百選Ⅲ34〈第2版〉）。ここで簡単にこの事例をみていく。

〈事例Ⅰ〉　　平成9（1997）年に夫X・妻Yは婚姻した。Xは以前より白血
病を患っており，骨髄移植手術を受けることになった。ただ，この手術による
放射線で無精子症になる可能性があったため，精子を凍結保存し，手術が終わ
る平成11（1999）年には，この凍結精子を利用して体外受精を行うつもりであ
った。

　しかし，体外受精実施前に，残念ながら夫Xは他界してしまった。

　ところが，翌年，妻Yは凍結精子を利用した体外受精を行い，平成13
（2001）年に死亡した夫Xと生物学的につながりのある子Aを出産した。

　ちなみに，夫Xは妻Yに対して，Xが死亡した後，Yが再婚しないのであれ
ば，Xの子を生んでほしいと伝えており，また，Xは自分の両親にも凍結精子
を利用して生まれた子に家を継いでほしいと伝えている。

　また，妻Yは凍結精子を保存していた病院にも，体外受精を実施した病院に
も，Xの死亡を伝えていない。そして，Xの凍結精子を保存するための書類に
は，死亡後の使用を禁止する内容が記載されていた。

137

妻Yは子Aを嫡出子として出生届を提出したが，この出生届は受理されなかった。そこで，死後認知の訴えを提起したのである。

最高裁判所は次のように判断した。

「生殖補助医療技術を用いた人工生殖は……自然生殖では不可能な懐胎も可能とするまでになっており，死後懐胎子はこのような人工生殖により出生した子に当たるところ」，民法が，死後懐胎子と死亡した父との親子関係を想定していないのは明らかである。また，父が死後懐胎子の親権者になりうる余地もなく，扶養や相続においても同様であり，「法律上の親子関係における基本的な法律関係が生ずる余地のないものである」。そして，今回のような凍結精子を用いた人工生殖に関する生命倫理，子の福祉，関係者の意識，社会一般の考え方などを検討した上で，「親子関係を認めるか否か，認めるとした場合の要件や効果を定める立法によって解決されるべき問題」であり，そのような立法がない限り，今回のような親子関係の形成は認められないと判断した。

この事例では，死後懐胎した子と死亡した父との親子関係は認められなかったが，今後，十分起こりうる問題である。最高裁判所のいうように，「生命倫理，子の福祉，関係者の意識，社会一般の考え方など」を総合して考えなければならない問題といえる。

☆コメント 「凍結精子」について

　「凍結精子」の問題として，たとえば，歴史上の有名な人物の「凍結精子」が残っていた場合，現在，その人物の子が出産されれば，どのような法的扱いが考えられるか。また，資産家が死亡して，生前，その資産家と面識のないはずの女性（または面識があり，関係があったかもしれない女性）が「凍結精子」により出産し，死後認知を求めた場合にどのように対処するか。いろいろな問題点が想定できる。

もう１つ，重要な事例をあげておく（最判平成19・3・23民集61・2・619民法百選Ⅲ35〈第2版〉）。これは，代理出産に関する判決であり，上記の凍結精子に関する判決と同様，今後，起こりうる問題である。親子関係とは何か，戸籍上に親子と記載されることが親と子の関係においてどれくらい重要であるのか，などについて考えさせられる問題である。

第11章　一人ではない：扶養・生殖技術

〈事例Ⅱ〉　　日本人の夫婦（以下Xとする）は，夫婦の子を切望していたため，日本では認められない代理出産をアメリカ・ネバダ州で実施した。アメリカ人女性Aに代理出産を依頼し，夫の精子と妻の卵子を受精卵とし，女性Aに移植する方法がとられ，無事，双子が生まれた。その後，ネバダ州において，X夫婦が生まれてきた双子の親であるという裁判の判決を受け，X夫婦を親とする出生証明書が発行された。

その後，X夫婦は帰国し，Y（東京都品川区長）に，X夫婦を親とする出生届を提出したが，妻による分娩の事実がないことから，受理されなかった。そこで，出生届の受理を求める訴えが提起された。

最高裁判所は次のように判断した。

「実親子関係は，身分関係の中でも最も基本的なものであり，さまざまな社会生活上の関係における基礎となるものであって，単に私人間の問題にとどまらず，公益に深くかかわる事柄であり，子の福祉にも重大な影響を及ぼすものであるから，どのような者の間に実親子関係の成立を認めるかは，その国における身分法秩序の根幹をなす基本原則ないし基本理念にかかわるのであり，実親子関係を定める基準は一義的に明確なものでなければならず，かつ，実親子関係の存否はその基準によって一律に決せられるべきものである」。そして，出産と同時に，出生した子と出産した女性との間の母子関係を早期に一義的に確定させることが子の福祉にかなうのであり，「現行民法の解釈としては，出生した子を懐胎し出産した女性をその子の母と解さざるを得ず，その子を懐胎，出産していない女性との間には，その女性が卵子を提供した場合であっても，母子関係の成立を認めることはできない」。

この事例では，登場する女性は二人である。つまり，「出産を依頼された女性A」と「卵子を提供したX夫婦の妻」であり，実際に子を出産した女性はAである。法的に母親と認められる出産の事実と，生物学的なつながりとの相違による混乱の典型といえる。「単に私人間の問題にとどまらず，公益に深くかかわる事柄」という最高裁判所の見解は，現時点での親子関係の状況に対する期待と不安を表しているものといえる。

仮に，出産を依頼する女性と卵子を提供する女性，実際に出産する女性がす

139

べて別人であれば，三人の女性が登場することになり，より複雑な問題が今後起こりうる。また，海外で認められている親子関係が，わが国で認められないという点にも注目することが必要である。ただ，それぞれの国にはそれぞれの歴史や伝統，文化，思想などの相違があるのだから，「ある国で認められているから，わが国でも」と安易に考えることができないのも事実である。

〈事例Ⅰ〉・〈事例Ⅱ〉は，親子のあり方，生物学的なつながり，法的なつながり，法が守ろうとする親子関係，科学・医療技術と法との関係など，さまざまな課題を提供するものである。ただ，１ついえることは，どのような思い，どのような方法であろうと，一番大切なことは，「親のため」ではなく「子のため」になる関係をつくっていくことであり，子の人生全般について配慮する姿勢を見失ってはいけないということなのである。

☆ちょっと考えてみよう　DNA鑑定と親子関係

　母親は出産の事実によって自分の子であると明確に判断できるが，父親には明確な判断材料がない。だからこそ，嫡出の推定がされるのである。

　しかし，現在を生きるわれわれにとって，本当に父親には明確な判断材料はないだろうか。科学や医療技術の目覚しい速度での進歩・発達によってDNA鑑定の精度はすばらしく進化しており，DNA鑑定が行われれば，ほとんど100パーセント，親子関係の判断ができるようになった。つまり，生物学的親子関係が存在するかどうかの判断が可能になったのである。すると，父親は明確な判断材料を手に入れたということになる。

　また，法的な親子関係についても，生物学的な親子関係，つまり，血のつながった親子関係（DNA的親子関係といっても良い）が大前提となるのであるから，このDNA鑑定の活用で問題は解決されるはずである。

　しかし，民法は，生物学的な親子関係を大前提に考えているとはいえ，明らかに，家庭の平和や父子関係の早期の安定・確定を重視しており，776条や777条などの規定にその姿勢が明確に主張されている。法律婚主義を採用し，夫婦共同生活や貞操義務があるために，あえて夫婦の性関係にまで介入せず，婚姻中に懐胎し，出産すれば，親子と認め，その親子としての生活や家庭環境を大事にしていこう，という姿勢がみて取れるのである。

　そこで，「ヒト」としての生物学的なつながりこそが真の親子関係であるという，当然のあるべき姿を尊重する生物学的親子関係を重視するのか。それとも，法的親子関係によって平穏に暮らしている家庭・夫婦・親子の「これまで」，「今」そして

第11章　一人ではない：扶養・生殖技術

「これから」を重視するか。ちょっと考えてみてほしい。

　もしかすると，時代が進んでいく中で，妻の不貞を疑うという問題よりも，後々の訴訟や子の利益などの配慮から，すべての生まれてくる子に DNA 鑑定が実施され，親子の関係が明確にされるようになるかもしれない。そうすると，産婦人科医師や看護師などは，「おめでとう」という祝辞をためらうことになるだろう。DNA鑑定をした者が，その鑑定結果から「たしかにあなたたちご夫婦のお子さんです。おめでとうございます」というまでは，軽はずみな発言ができなくなってしまうからである。

☆じっくり考えてみよう　「代理出産」

　「代理出産」については，実にいろいろな感情的な問題や法律的な問題が絡み合っている。ここでは，妻以外が出産した子を，夫婦の子（嫡出子）とすることついて考えてみてほしい。また，子がほしい場合に，養子縁組（特別養子縁組）では，夫婦の思いは，なぜ，満たされないのだろうか。難しい問題だが，じっくり考えてみてほしい。

141

第12章 避けては通れない相続

1 相続の開始

(1) あとのことはよろしく

どれだけ惜しまれていても，人は死を迎える。これは避けては通れない。

人は，さまざまな人生をそれぞれが歩んでいく中で，いろいろなものを手に入れる。たとえば，人間国宝といった地位や弁護士といった職，土地家屋や車，高級時計といった財産など多種多様である。もちろん，多額の借金を持つ者もいる。

しかし，避けることができない人生の終わりを迎えると，その人が持っていた財産などが残されることになる。そうすると，自己の財産を誰かに渡したいと思うことは当然の要求であるといえる。ましてや，私有財産制が確立し，私的自治の原則が導入された現在においては，自己の財産の最終的な処分は当然の権利である。そこで，ある人が死亡した場合に，その人の財産を一定の者に承継させる**相続**が行われるのである。

かつての相続は，財産の承継とともに身分的な地位の承継が重要であった。たとえば，江戸時代の「将軍」という地位の承継や，明治時代の家制度における「戸主」の地位を承継するための**家督相続**が重要視されたのである。このような相続を**身分相続**という。しかし，現行民法においては，一身に専属するもの，たとえば，人間国宝という地位は承継することが許されていない（896条ただし書）ため，財産の承継のみが行われる。これを**遺産相続**と呼ぶ。

ちなみに，財産を受け取る者を**相続人**，死亡した者を**被相続人**と呼び，残された財産は**相続財産**または**遺産**と呼ぶ。とくに，相続人と被相続人を間違える場合があるので注意してほしい。

> ☆コメント 「私的自治の原則」と「私有財産制度」
>
> 　　日常生活は，自分以外との接触を必要とする。たとえば，日々の食事や衣服の購

入，土地家屋の購入などさまざまな取引もその日常生活の一場面である。人は自由な意思により，これらの取引を行い，そして，その責任を自分で負う。このような私人の自由な意思決定による行動は尊重されるべきであり，そこに国家は介入すべきではないのである（「**私的自治の原則**」）。また，各人の生活において，自己の所有物に対する権利が守られなければ私的自治は意味をなさないといえよう。そこで私有の財産に対する権利が尊重されるのである（「**私有財産制度**」）。

(2) 相続の根拠

ある人が死亡して相続が行われるとき，財産を承継する一定の者とは，死亡した人の**一定の親族**，つまり，配偶者や子などである。当たり前の話のようだが，一定の親族が相続できるという根拠は，実は明確ではない。そこで以下のような根拠が考えられる。

① 生活保障としての相続

国家は私人の生活に干渉しないという考えから，ある人の財産によって生活していた者に，残された財産を承継させ，従来と変わらない生活を保障するという考え方である。

② 取引安全の確保としての相続

取引の当事者の死亡により，権利や義務が消滅してしまえば，取引相手は思わぬ損失を受ける。そこで相続人に財産とともに権利義務を承継させて取引の安全を確保するという考え方である。

③ 相続人の潜在的持分の実現としての相続

被相続人が残す財産といっても，家族の助力により価値が維持・向上することも多い。そこで，相続人は相続財産に実質的な持分を持っているので，その持分を承継するという考え方である。

いずれも相続の根拠を明確にしていないと批判されているが，①生活保障としての相続がもっとも説得的であるとされている。

(3) 相続の開始——いつ相続が開始するのか

相続は，人が死亡した瞬間に開始する（882条）。死亡届を提出したときや葬儀が終了したときではなく，また，被相続人の死亡を相続人が知らなくても，

死亡したときに相続は開始している。死亡により被相続人は権利能力を失うため，残された財産の所有者がいないことになる。そうすると，権利義務関係が不安定な状態になってしまうので，死亡と同時に相続を開始させることにより所有権を承継させるのである。

① 人の死亡

人の死亡には，自然的死亡と失踪宣告（30条・31条参照）がある。自然的死亡は，原則として心臓が停止した時点で死亡とされる（心臓停止説）が，臓器移植の場合に限って脳死により死亡とされている。

② 同時死亡の推定と同時存在の原則

相続人は，被相続人の死亡の瞬間，つまり，相続が開始するときに生存していなければならない。これを**同時存在の原則**という。すると，被相続人と相続人である夫婦や親子の死亡の時期が非常に近く，または，同時と思われる場合，相続関係が混乱する場合がある。そこで，このような場合は同時に死亡したと推定することによって相続関係を発生させないことにしている（32条の2）。これを**同時死亡の推定**という。

(4) 相続開始の場所

被相続人がどこで死亡しても，また，相続人が遠くに住んでいても，相続は，被相続人の住所において開始される（883条）。これは，相続における紛争に対して裁判管轄，つまり，どこで裁判をするかを統一するためである。

2 相続人——誰が相続するのか

(1) 相続人と順位

相続人となるのは，被相続人の**配偶者**および一定の**血族**である。とくに血族については，**相続の順位**が定められているため注意が必要である。

① 血 族

相続人となる血族には，第1順位から第3順位まである。

〈Ⅰ〉 第1順位の者が存在すれば第1順位の者が相続人となり，第2・第3

順位の者は相続人にはなれない。

〈Ⅱ〉　第1順位の者がいなければ第2順位の者が相続人となる（第3順位の者は相続人にはなれない）。

〈Ⅲ〉　第1・第2順位の者がいなければ第3順位の者が相続人となる。

　まず，**第1順位の者**は，**被相続人の子または代襲者**である（887条，なお，代襲者については後述）。子は，実子・養子のどちらでも良い。また，非嫡出子であっても，母を相続するときには認知は不要とされるが，父を相続するときは認知が必要となる。たとえ，父と非嫡出子に生物学的，つまり，血のつながりがあっても，認知がなければ相続はできない。

　次に，**第2順位の者**は，**被相続人の直系尊属**である（889条1項1号）。直系尊属として，父母や祖父母がいる場合には，被相続人と親等の近い者が相続人となる。つまり，父母（1親等）と祖父母（2親等）がいれば，父母が相続人となる。同じ親等に直系尊属が複数いる場合，たとえば，父母は死亡しているが，父方の祖父母も母方の祖父母も存命であれば，そのすべてが共同相続人となる。

　最後に，**第3順位の者**は，**被相続人の兄弟姉妹**である（889条1項2号）。兄弟姉妹が複数いる場合には，そのすべてが共同相続人となる。

② 配偶者

　被相続人に配偶者がいる場合，その**配偶者は常に相続人**となる（890条）。

　まず，配偶者は血族のような相続の順位がないので，血族の第1順位である子がいれば，**子と配偶者**が相続人となる。

　次に，第1順位の子がいなければ，第2順位の**直系尊属と配偶者**が相続人となり，最後に，第1・第2順位の子や親などがいなければ，第3順位の**兄弟姉妹と配偶者**が相続人になる。

　この配偶者は，当然，法律上の婚姻をした夫婦の一方であることが必要となる。つまり，内縁や事実婚の状態であれば，配偶者として相続人にはなれない。

(2)　胎児について

　たとえば，妻の妊娠中に夫が死亡した場合，同時存在の原則によれば，妻の

145

お腹の中の子，つまり，胎児は相続人になれないことになる（3条1項参照）。しかし，生まれてくることは，ほぼ確実であり，わずかな時間的ズレで相続させないのは，一般的な感情からも認めにくい。そこで，「胎児は，相続については，既に生まれたものとみなす」（886条1項）と規定して，胎児にも相続人となる資格を与えた。ただし，胎児が死産であれば，この規定は適用されない（同条2項）。

☆補足　「私権の享有は，出生に始まる」（3条1項）
　　　人が，権利能力，つまり，人としての権利や義務の帰属主体となる資格を持つのは出生してからである。よって，本来，相続人となるための権利能力は胎児にはないことになる。

☆コメント　胎児に対する「停止条件説」と「解除条件説」
　　　まず，時間の流れとして①妊娠（胎児），②相続開始，③出産とする。「**停止条件説**」は，①の胎児の時点で相続する権利能力（以下，相続能力）を認めず，③の時点で生きて生まれてくれば，②の時点にまでさかのぼって相続能力を認める説である。一方，「**解除条件説**」は，①の胎児の時点で相続能力を認めた上で，③の時点で死産であれば，②の時点に戻って遡及的に効力を消滅させる説である。裁判所は，「停止条件説」を採っている。

(3)　代襲相続

①　代襲相続とは

相続人は，被相続人が死亡したときに存在していなければ，相続できなくなる（同時存在の原則）。そこで，単純に「子」が相続人になるとすると，「祖父→父→子」という相続関係において，（A）「祖父の相続が起これば父が相続し，父の相続が起これば子が相続する」という通常の流れになる。しかし，父が祖父よりも先に死亡した場合，（B）「父の相続が起これば子が相続するが，祖父の相続が起こったときには子は相続できない」ということになってしまう。

　つまり，（A）では，祖父の財産が父に相続され，祖父の財産と父の財産が子に相続されるが，（B）では，父の財産は子に相続されるが，祖父の財産は子に相続されなくなる。父の死亡時期で，子の承継する財産は大きく異なってしまい，このままでは不公平である。

第12章　避けては通れない相続

　そこで，（B）のように，相続人となるべき者（父）が，被相続人（祖父）よりも先に死亡した場合，その**相続人となるべき者の子**（**代襲相続人**）が，相続人となるべき者（**被代襲者**）に代わって相続することができる。つまり，父が祖父よりも先に死亡していても，祖父が死亡した時，本来，相続すべき父に代わって，子が祖父の財産を相続できるのである。これを**代襲相続**という（887条2項，889条2項）。また，後で詳しく説明する**欠格・廃除**によって相続人となる者が相続権を失った場合も，その者の子が代襲相続することができる。

　② 被代襲者と再代襲

　被代襲者は，被相続人の子および兄弟姉妹である。つまり，血族の第1順位の相続人である子（ここでは父）と，第3順位の相続人である兄弟姉妹が被代襲者となり，その被代襲者の子（ここでは父の子）が代襲相続人となる。

　ところで，「祖父→父→子X→Xの子」という4世代で，父と子Xが祖父よりも先に死亡する場合もある。そうした場合，祖父の相続が起こればXの子が相続することになる。これを，**再代襲**（887条3項）という。また，Xの子が，祖父より先に死亡すれば，Xの子の子が再々代襲することになる。

　しかし，第3順位である兄弟姉妹については，代襲相続のみが認められ，再代襲は認められていないので注意が必要となる。

　☆コメント　笑う相続人を笑わせない（兄弟姉妹の再代襲はない）
　　兄弟姉妹の子は，自分から考えておい・めいにあたる。もし，兄弟姉妹に再代襲を認めると，おい・めいの子が相続人となる。現在の核家族化を考えれば，場合によっては一度も会ったことのないおい・めいの子が相続人となってしまう。それなりに資産があれば，おい・めいの子にとっては，まさに「棚からぼた餅」状態である。生活保障などが相続の理由とすれば，このような「笑う」相続は認められないといえるのである。

(4) 相続人がいない場合

　① 相続人不存在とは

　ある人が死亡したとき，相続人が存在するのかどうかが不明な場合がある。「相続人はいるが連絡が取れず生死も不明」ということではなく，そもそも，相続人自体が存在するかどうか分からない場合である。このような場合，相続

147

財産の管理と相続人の捜索が必要となる。そこで，相続財産を管理・清算することを目的とした相続財産法人（951条）がつくられる。

相続人の存在が明らかになれば，相続財産法人ははじめから成立しなかったことになり，相続財産の管理は終わる（955条）。しかし，一定期間，相続人が不明であれば，相続人の不存在が確定する。

② 特別縁故者制度

相続人の不存在が確定すれば，家庭裁判所は，相続人ではないが被相続人と深い縁故を持っていた者の請求により，相続財産の全部または一部を与えることができる（958条の3）。この相続人ではないのに相続財産が与えられる者を**特別縁故者**という。特別縁故者となる者は，生計を共にしていた内縁当事者や養子縁組はしていないが共同生活を続けてきた事実上の養子，被相続人を死亡するまで世話した者など，具体的・実質的な関係によって判断されている。

③ 最終的には国庫へ

相続人が存在せず，特別縁故者からの請求もなければ，相続財産は最終的に国庫に帰属することになる（959条）。

3 相続欠格と廃除

まだ相続は起こっていないが，将来，相続が起これば相続人となる者を**推定相続人**という。たとえば，子は親の第1順位の相続人となるので，相続開始前であれば推定相続人である。では，この推定相続人の犯罪行為や非行などにより，相続させるべきではないという事態が起こった場合，どのような対処ができるだろうか。ここでは，相続開始前に相続権を奪う制度をみていく。

(1) 相 続 欠 格

推定相続人に被相続人の財産を相続させるべきではない事由が発生すれば，相続権を喪失させることができる。これが**相続欠格**である（891条）。以下の事由（相続欠格事由）により，推定相続人は相続権を失う。

(a) 故意に被相続人，または，先順位もしくは同順位の相続人を死亡するに

148

第12章　避けては通れない相続

至らせ，または，至らせようとしたために，刑に処せられた者（891条1号）。

推定相続人が，故意による殺人（刑法199条）や殺人未遂（刑法203条）などを犯した場合，相続欠格となる。故意が求められるため，傷害致死（刑法205条）や過失致死（刑法210条）であれば，ここでの欠格事由とはならない。また，殺人の故意だけでなく，相続を自分にとって有利に導くという故意も必要とされている。

(b)　被相続人が殺害されたことを知っていながら，これを告発も告訴もしなかった者（891条2号）。ただし，その者に是非の弁別がないとき，つまり，物事を正しいかどうか理解できないときや，殺害者が自己の配偶者もしくは直系血族であったときは除外される。

(c)　詐欺または強迫によって，被相続人が相続に関する遺言を作成，撤回，取消し，変更することを妨げた者（同条3号）。

(d)　詐欺または強迫によって，被相続人に相続に関する遺言を作成，撤回，取消し，変更させた者（同条4号）。

(e)　相続に関する被相続人の遺言書を偽造，変造，破棄，隠匿した者（同条5号）。遺言書の破棄，隠匿などの故意の他，相続を自分にとって有利に導くという故意も必要であるとされる。

(2)　相続欠格の効果

以上のような相続欠格事由があれば，法律上当然に相続権は失われる。相続開始後に欠格事由が生じた場合，たとえば，相続が開始した後，遺言を隠匿した場合，相続欠格の効果は相続開始時にまでさかのぼるため，相続権を失うことには変わりはない。

ちなみに，相続欠格は，欠格事由を行った者のみに影響する。だから，「祖父→相続欠格により相続権を喪失した父→子」という関係で，祖父の相続が起これば，子は**代襲相続**により祖父の財産を承継できるのである。

また，父と子の間で欠格事由があり相続権を失ったが，父が子を許す場合がある（**欠格の宥恕**）。たとえば，子が父を殺害しようとして行動を起こしても，父が許す場合もありうる。そのような場合，相続権を回復させるかが問題となるが，回復を認める傾向にある。財産を贈与することによって，子に財産を承

149

継させることが可能であるため，相続権の回復を認めないことにしても，実質的に意味がないといえるからである。

(3) 相続人の廃除
① 相続人の廃除とは

相続欠格事由ほど重大ではないが，推定相続人が，被相続人に対して虐待や重大な侮辱，その他の著しい非行を行った場合，被相続人としては自己の財産を相続させたくないと考えるだろう。そこで被相続人の請求に基づいて，家庭裁判所が調停または審判により推定相続人の相続権を奪う制度が設けられた。これが**相続人の廃除**（892条）である（なお，対象となる推定相続人は「遺留分を有する推定相続人」とされている。遺留分については後で詳しく説明する）。

家庭裁判所に請求する方法として，被相続人が生前に請求する場合（892条）と遺言により請求する場合（893条）が定められている。

② 相続人の廃除の効果

家庭裁判所による廃除の調停または審判の成立により，相続権は失われる。父の相続権を廃除により喪失した子でも，母の相続権には影響はないので，母の相続は子として可能である。

また，廃除による相続権の喪失は，廃除された者のみに影響する。だから，「祖父→廃除により相続権を喪失した父→子」という関係で，祖父の相続が起これば，子は代襲相続により祖父の財産を承継できるのである。

なお，この相続人の廃除は，被相続人の意思に基づくものであるから，被相続人は，いつでも廃除の取消しを家庭裁判所に請求できる（894条）。

4 相続分——誰がどれだけ相続するのか

(1) 相続分とは

相続が起こると同時に，被相続人の所有していた財産（相続財産）は，相続人に承継される。相続人が一人であれば，相続財産の所有者が被相続人から相続人に移るだけで簡単である（単独相続）。しかし，相続人が複数の場合（共同

相続），相続財産を相続人の間で分割しなければならない。すると，この分割をどのような割合で行うかが重要となる。この分割の割合を**相続分**という。

① 指定相続分

相続分は，被相続人が決めることができる。自己の財産を誰にどのように承継させるかを決める訳であるから，当然といえよう。ただ，生前に相続分を決めて，各相続人に伝えると，たとえば，「私の相続分を増やせ」といった問題が発生しやすいので，遺言によって相続分を指定することになる（遺言については後で詳しく説明する）。この**被相続人の意思**を重視した相続分を**指定相続分**と呼ぶ。

② 法定相続分

しかし，わが国では，遺言はあまり活用されていないし，自己の財産をどのように承継させるかということを細かく決めることは，よほどの資産家でない限り，少ないようである。そこで，被相続人の指定がない場合には，法律が準備している相続分を利用することになる。これを**法定相続分**と呼び，**相続人の公平な取り扱い**が重視されている。なお，指定相続分は法定相続分よりも優先するとされているので，指定相続分があれば，法定相続分は利用されない。実際は，法定相続分が広く活用されている。

(2) 法定相続分による相続

法定相続分は，900条に規定されている。

① 配偶者と子

配偶者は常に相続人となり，子は第1順位の相続人である。そこで，配偶者と子が相続する場合，法定相続分は，**2分の1**ずつとなる（900条1号）。

つまり，相続財産の内，2分の1を配偶者が相続し，2分の1を子が相続するのである。配偶者は一人だが，子は複数の場合があり，その場合は子の人数で均等に分けることになる（同条4号）。

たとえば，相続財産「100」・相続人；配偶者と子ＡＢ

　　配偶者；100×2分の1＝50
　　子Ａ　：100×2分の1＝50　→　50をＡＢで均等に分ける＝25
　　子Ｂ　：100×2分の1＝50　→　50をＡＢで均等に分ける＝25

②　配偶者と直系尊属

　配偶者は常に相続人となり，直系尊属は第2順位の相続人である。そこで，配偶者と直系尊属が相続する場合，法定相続分は，**配偶者が3分の2，直系尊属が3分の1**となる（900条2号）。

　配偶者は一人だが，直系尊属は複数の場合があり，その場合は人数で均等に分けることになる（同条4号）。

たとえば，相続財産「90」・相続人；配偶者と親甲乙

　　配偶者；90×3分の2＝60
　　親甲　：90×3分の1＝30　→　30を甲乙で均等に分ける＝15
　　親乙　：90×3分の1＝30　→　30を甲乙で均等に分ける＝15

③　配偶者と兄弟姉妹

　配偶者は常に相続人となり，兄弟姉妹は第3順位の相続人である。そこで，配偶者と兄弟姉妹が相続する場合，法定相続分は，**配偶者が4分の3，兄弟姉妹が4分の1**となる（900条3号）。

　配偶者は一人だが，兄弟姉妹は複数の場合があり，その場合は兄弟姉妹の人数で均等に分けることになる（同条4号）。

たとえば，相続財産「100」・相続人；配偶者と兄・姉

　　配偶者；100×4分の3＝75
　　兄　　：100×4分の1＝25　→　25を兄姉で均等に分ける＝12.5
　　姉　　：100×4分の1＝25　→　25を兄姉で均等に分ける＝12.5

ただし，父母の一方のみが同じの兄弟姉妹，たとえば，父は同じ男性だが，

第12章　避けては通れない相続

母が別の女性である兄弟姉妹の場合（半血の兄弟姉妹という），相続分は2分の
1になるので注意が必要である（同条4号ただし書）。

たとえば，相続財産「100」・相続人：配偶者と兄姉弟（弟は半血兄弟姉妹）

　配偶者：100×4分の3＝75

　兄　　：100×4分の1＝25　→　25を兄姉弟で分ける〈注1〉＝10

　姉　　：100×4分の1＝25　→　25を兄姉弟で分ける〈注1〉＝10

　弟　　：100×4分の1＝25　→　25を兄姉弟で分ける〈注1〉＝5

〈注1〉考え方としてまず，100×4分の1＝25は法定相続分である。そして難し
いのは兄弟姉妹の分け方であるが，半血の兄弟姉妹は2分の1と規定されている
ので，計算上は2倍の相続分と考えることができる。

　すると弟の取り分を「1」とすると，兄姉はそれぞれ「2」の取り分を持つ。
つまり，兄：姉：弟＝2：2：1となり，この数字部分の合計が「5」となる。
ということは，兄姉は「5」の内「2」ずつ，弟は「5」の内「1」の取り分と
なり，よって，兄姉は5分の2ずつ，弟は5分の1となる。

　これに法定相続分の25をかけるので，10：10：5となるのである。

ちなみに，**代襲相続**の場合は次のようになる。

たとえば，相続財産「100」・相続人：配偶者と子ＸＹ（Ｘはすでに死亡）

　　　　　　　　　　　　　　　Ｘには子ＡＢがいる。

　配偶者：100×2分の1＝50

　子Ｘ　：100×2分の1＝50　→　50をＸＹで均等に分ける＝25〈注2〉

　子Ｙ　：100×2分の1＝50　→　50をＸＹで均等に分ける＝25

〈注2〉Ｘはすでに死亡しているので，代襲相続としてＡＢが相続

　子Ａ　：25をＡＢで均等に分ける＝12.5

　子Ｂ　：25をＡＢで均等に分ける＝12.5

---

(3)　指定相続分による相続

　被相続人は，遺言で相続分を定めるか，または第三者に相続分の決定を委託
することができる（902条）。この指定相続分は，法定相続分より優先される。

　被相続人が相続人の一部の者についてだけ相続分を指定した場合，残りの相
続人は，法定相続分により相続することになる（902条2項）。

153

この場合，被相続人の意思を尊重することが必要であるが，たとえば，配偶者と子ＡＢの計３人が相続人である場合，「Ａに３分の１相続させる」とだけ指定されていたとすると，どのように解釈するべきかが問題となる。

(a) 相続財産の全体の３分の１をＡに相続させて，残りを法定相続分である２分の１に従って配偶者とＢで分割する。

(b) 配偶者に法定相続分の２分の１を分割した後，残りの部分の３分の１をＡに相続させ，残りをＢに相続させる。

(c) 配偶者に法定相続分の２分の１を分割した後，残りの部分から，相続財産全体の３分の１をＡに相続させ，残りをＢに相続させる。

被相続人がどのような意思を持っていたかにより判断は変わるが，おそらく，(a)の分割方法だと推測されるだろう。ただ，Ａの相続分は(a)と(c)で同じになるから，配偶者の相続分をどのように考えるかで結論は変わる（あくまで上記の設定での方法なので，相続人や指定内容が変われば，まったく割合は変わる。ちなみに(b)であればＡの相続分は法定相続分以下である）。

(4) 特別受益がある場合の対処

① 特別受益とは

たとえば，相続財産「100」，相続人；配偶者と子ＡＢ，法定相続分にて相続，とする場合，相続分は，配偶者50・子Ａ25・子Ｂ25となる。

そこで，この例題に「子Ａは生活資金として20の贈与を受けていた」という項目を加えると，どうなるだろうか。実質的に，子Ａは，20の贈与プラス25の相続で，合計45の財産を受け取ることになる。

このような**特別受益**と呼ばれる生前贈与や遺贈などを，相続人の一部の者（**特別受益者**）が受け取ると，実質的には**相続財産の前渡し**を受けることになる。つまり，「被相続人の財産を分ける」作業である相続以外で，財産の一部である特別受益を受け取っていれば，特別受益者は特別受益の部分だけ得をする結果となる。これでは相続人間で不公平となるので，民法は，この不公平を調整するために，特別受益を相続分計算の際に考慮して，加算する制度をつくり出した（903条１項）。これを**特別受益の持戻し**と呼ぶ。

154

第12章　避けては通れない相続

上記の例でみると，たとえば，相続財産「100」，相続人：配偶者と子ＡＢ，法定相続分にて相続，ただし，**子Ａは生前贈与として20受け取っている**とする場合，**生前贈与の20は持戻される**ので，以下のようになる。

配偶者：（100＋20）×2分の1＝60
子Ａ　：（100＋20）×2分の1＝60　→　60をＡＢで均等に分ける＝30
子Ｂ　：（100＋20）×2分の1＝60　→　60をＡＢで均等に分ける＝30

子Ａは，相続分として30を受け取ることになるが，実際には**生前贈与20**をすでに受け取っているのであるから，**具体的相続分**は，30－20＝10となる。

②　特別受益の持戻しの対象

「婚姻若しくは養子縁組のため若しくは生計の資本として」相続人が受けた贈与が持戻される（903条1項）。具体的には，婚姻・養子縁組の費用，住宅用土地の購入資金，高等教育の費用など多種多様である。

［平成30（2018）年7月6日，民法等の一部を改正する法律案が国会で可決され，改正が行われた（以下，「平成30年民法等改正案」とする）。40年ぶりの大改正の理由は，高齢化の進展など社会経済情勢が変化する中で，相続開始により残された高齢の配偶者のために，居住の権利など日常生活に必要な配慮が求められているからである。その改正の1つとして，配偶者保護のために，特別受益の内容が一部改正された。

婚姻期間20年以上の夫婦が，その夫婦間で，居住している建物や敷地を遺贈または贈与した場合，その建物などは特別受益と評価しない（903条4項）。たとえば，夫名義の家に住んでいる夫婦で，夫が妻に家を贈与しても，その家は，特別受益として持戻しの対象とはならない。婚姻期間20年以上の夫婦に限定されるが，残された配偶者の生活を保護するために有益と考えられる。］

(5)　寄与分による調整

相続人の中に，被相続人の事業に関する労務の提供や被相続人の療養看護，その他の方法により財産の増加や維持に特別の寄与，つまり，貢献をした者がいるとき，他の相続人と均等の相続では，寄与した者の努力は報われない。また，被相続人も，寄与した者に対して特別な思いはあっただろうと推測できる。そこで特別の寄与があった者に対して，**寄与分**という報償が与えられるの

155

である。原則として相続人の協議で寄与分を決定することになるが，協議が調わず，またはできない場合は家庭裁判所が総合的に判断することになる。

　寄与分が認められると，相続分の計算の際，相続財産からその寄与分を控除して計算することになる。つまり，相続財産から寄与分を除いた残高を相続人で分割し，各相続人の相続分が確定した後で，寄与をした者に寄与分を加算するのである（904条の2）。

たとえば，相続財産「100」・相続人：配偶者と子ＡＢ
　　　　　　　　　　　　　　子Ａに寄与分として50が認められる。
　　配偶者；（100−50）×2分の1＝25
　　子Ａ　：（100−50）×2分の1＝25　→　25をＡＢで分ける＝12.5〈注４〉
　　子Ｂ　：（100−50）×2分の1＝25　→　25をＡＢで分ける＝12.5
　〈注４〉子Ａには寄与分が認められるので，50＋12.5＝62.5が具体的相続分

　[この寄与分は，あくまで相続人の中に特別の寄与，貢献をした人がいた場合に認められるものである。しかし，被相続人の親族の中には，相続人ではないが，被相続人の看病など特別の寄与をした親族がいる場合が多い。たとえば，被相続人の子は相続人であるが，その子の配偶者は親族（一親等の姻族）であっても相続人ではない。現実的には，子の配偶者が多大な寄与をしている場合も多く，その寄与が考慮されないのは大きな問題である。そこで「平成30年民法等改正案」において，新たな条文が追加された。
　被相続人に対して無償で療養看護などの労務の提供をしたことにより，被相続人の財産の維持や増加に特別の寄与をした親族（相続人などを除く）は，相続人に対して，寄与に応じた額の金銭を請求することができる（1050条）。この改正により，被相続人のために貢献した親族の努力が，少しでも報われることになれば，被相続人にとっても喜ばしいことであろう。]

☆ちょっと考えてみよう　自分の相続分

　　相続分の計算は理解できただろうか。はじめは何となく分かったという程度で十分である。相続分を考えるときも，自分の相続分を計算するのが一番分かりやすいだろうから，ちょっと考えてみてほしい。自分の相続分が計算できれば，次は，お気に入りの小説，ドラマの登場人物の相続分を考えてみるのも良いかもしれない。
　　ただ，自分の相続分を考えるということは，家族の誰かが亡くなったと仮定することだから，あまり楽しいことではない。しかし，ここでは学習のためであると割り切って考えてみてほしい。

第**13**章　借金も財産ですか：財産と承認方法

1　相続財産の内容——何を相続するのか

(1)　相続財産とは

①　相続開始

　相続が開始されると，被相続人の財産に関係する一切の権利義務が，相続人に承継される（896条）。

　現実的に，被相続人の死亡の瞬間に「相続」について相続人である配偶者や子などが考えることはないだろうが，いくら悲しみが深くとも，時間は待ってくれないので，被相続人がするはずであったいろいろな手続きや金銭の支払いといった処理に追われることになってしまう。見方を変えれば，そういった処理に追われるおかげで，悲しみを紛らわせることができるともいえる。

　いずれにせよ，被相続人の死亡の瞬間に，被相続人の持っていたすべての物や権利・義務が相続人に承継されるのであるが，その「瞬間」は分かっても，実際，相続人の誰が何を承継するのかは，その瞬間に決定できないだろう。それ以前に，そもそも何が承継されるのか，つまり，相続財産とはどういったものなのかを明確にしておく必要がある。

②　包括承継と例外

　まず，被相続人の財産（**相続財産**）であるが，「一切の権利義務」とされているのであるから，土地家屋の所有権や預貯金だけでなく，借金などもすべて含まれることになる。こうした，個別的ではなくすべての権利義務を対象とする包括的な承継を**包括承継**という。

　ただし，例外として，**一身専属の権利義務**は相続人に承継されない（896条ただし書）。たとえば，夫婦の同居義務（752条）といった権利義務は，被相続人が行使すべき権利義務であり，相続人であっても承継できるものではない。ま

157

た，系譜・祭具・墳墓（位牌，仏壇，お墓など）といった**祭祀財産**も単純に相続人に承継されない（897条）。祭祀財産は相続財産に含まれないので，まず，被相続人による祭祀財産承継者の指定を尊重する。指定がなければ次は慣習に従い，慣習が不明なときは家庭裁判所が指定することになる（同条2項）。

(2) 相続財産の具体的な範囲

相続財産の具体的な範囲・内容としては，**積極財産**と**消極財産**に分けることができる。積極財産とは，お金や物のプラスの財産であり，消極財産とは，借金などのマイナスの財産といえる。

① 積極財産

ⅰ **所有権**　土地や建物といった不動産，ブランド商品などの動産の所有権は，当然ながら相続財産に含まれる。

☆コメント　相続人と不動産の登記による対抗要件
　　通常，不動産を自己の所有だと第三者に主張するには登記が必要とされる。これを第三者に対する対抗要件という。しかし，相続人は相続によって承継した不動産について，遺産分割前であれば登記がなくても対抗できるとされている（最判昭和38・2・22民集17・1・235家族百選73〈第7版〉）。よって，相続人の一人が，勝手に土地を売却し，購入した第三者が登記をしたとしても，他の相続人は登記なしに対抗できるということになる。

ⅱ **占有権**　占有権とは，ある物を実際に支配していることに対して，その支配の継続が認められる権利である。そうすると，実際問題として，相続人は，被相続人の死亡直後，すぐに物の占有をはじめることはできないので，占有権という権利は，相続の対象とはならないといえそうである。

しかし，そうだとすると，相続開始直後，相続人が占有を開始する前に，第三者が相続財産を占有してしまうと，占有権は第三者の権利となってしまう。そこで，裁判所は，相続人が，事実上，相続財産を支配していなくても，被相続人の占有権を承継できると判断している（最判昭和44・10・30民集23・10・1881）。

ⅲ **賃借権**　生活の場である住居を借りている場合，その**建物賃借権**（借家権）も，権利として当然に相続人に承継される。

第13章　借金も財産ですか：財産と承認方法

☆コメント　内縁相手の賃借権
　　たとえば，ＡＢは内縁関係にあり，Ａの借りている家に住んでいるとする。Ａが
　死亡した場合，ＢはＡの相続人ではないので，建物賃借権を相続しない。ということ
　とは，貸主が退去を命じると，Ｂは借家から出て行かなければならない。しかし，
　それではＢが生活の場を失うことになってしまう。だから裁判所は，「相続人が承
　継した賃借権を援用」することにより，Ｂは貸主に対抗でき，借家に住み続けるこ
　とができると判断している（最判昭和42・2・21民集21・1・155）。

ⓘ　**損害賠償請求権**　　たとえば，交通事故による被害者には損害賠償請求権
（709条）が発生し，被害者が死亡すれば，その請求権は相続人に承継される。
たとえ即死であっても傷害と死亡との間には時間的間隔があるとして，瞬間的
に被害者に損害賠償請求権が発生し，それを相続人が承継するとされている。
　それでは，被害者の**慰謝料**はどうなるのか。慰謝料とは身体的・精神的な苦
痛に対する金銭の請求であるから，被害者の感情が基礎になっているので，一
身専属的権利といえる。そうすると相続の対象にはならないはずである（896
条ただし書）。ところが，被害者が慰謝料請求の意思を表示すれば，その請求
は，金銭を支払ってもらう権利として「金銭債権」という積極財産になり，相
続の対象になると考えられるようになった。そしてついに，被害者が「残念残
念」と叫びながら死亡した事案において，この「残念残念」という言葉が慰謝
料請求の意思であるとして，その慰謝料請求による金銭債権が相続の対象にな
ると判断されることになった（いわゆる「残念事件」，**意思表明相続説**，大判昭和
2・5・30新聞2702・5）。
　しかし，この考え方では，事故で即死した場合に慰謝料請求ができない。そ
こで，即死の場合とそうでない場合の扱いを公平にするため，損害発生と同時
に慰謝料請求権を被害者が取得し，それを相続するという**当然相続説**が採用さ
れることになった（最大判昭和42・11・1民集21・9・2249民法百選Ⅲ60〈第2版〉）。

☆コメント　「慰謝料請求権」の相続について
　　「慰謝料請求権」の相続については批判が多い。やはり，被害者の慰謝料請求自
　体が一身専属的であり，また，相続人，つまり，遺族には，遺族固有の「慰謝料請
　求権」（711条）も規定されているからである。また，即死の場合，被害者の死亡によ
　る精神的苦痛を理由として「慰謝料請求権」を取得する不自然さが指摘されている。

ⓥ **金銭債権**　現金や預貯金などの金銭債権は，当然，相続財産となる。

ⓥⓘ **生命保険**　たとえば，夫が死亡して，生命保険金が妻に支払われることがあるが，これは被相続人の相続財産ではない。そもそも相続財産は，相続開始によって被相続人の所有物が相続人に承継されるのであるから，被相続人の死亡によってはじめて発生する生命保険金は相続の対象にならない。

② 消極財産

相続により被相続人に属する債務である消極財産も承継される。住宅ローンや未払いの家賃などの他，以下のような問題がある。

ⓘ **保証債務**　金銭消費貸借や賃貸借に伴う保証債務は，その金額や弁済期が明確であり，どのような責任を負うかを予測できるため，被相続人の債務として相続される。

ⓘⓘ **無権代理による義務**　たとえば，親子の関係で，無権代理行為と相続が問題となる場合がある。

☆補足　「無権代理行為」

　　Aの代わりにBが契約をすると仮定すると，Bに代理権があれば，その契約の効果はAにおよぶ。つまり，結果的にAが契約をしたのと同じことになる。しかし，Bに代理権がなければ，当然，Aに契約の効果がおよぶことはなく，契約は無効となる。このような代理権のない行為を「**無権代理行為**」という。ただ，Aがその契約を追認すれば契約は有効になる。Aが追認しなければ，Bは無権代理人として損害賠償義務などを負うことになる。

(a) **無権代理人の本人相続**　たとえば，土地を所有している本人である親Aと無権代理人である子Bとの関係で，子Bが親Aの土地を代理権なく売却した後，親Aが死亡して子Bが相続したとする。この場合，「土地を売却する」という義務は実行しなければならず，無権代理行為は有効に成立する。つまり，無権代理行為をしたBは，本人であるAを相続したとはいえ，本人の権利である「無権代理行為の無効」を主張することはできない。ただし，実際問題として，B以外にも共同相続人がいる場合は，全員が追認をしなければ，Bの相続分に相当する部分だけであっても有効な取引とはならない。

(b) **本人の無権代理人相続**　たとえば，本人である親Aと無権代理人である

子Ｂの関係で，ＢがＡの土地を代理権なく売却した後，子Ｂが死亡して親Ａが相続したとする。この場合，本人であるＡは，本人として元々持っている無権代理行為の追認もしくは追認拒絶の権利を行使することができるので，「土地を売却する」という義務を実行しなくても良い。ただ，無権代理人として損害賠償義務などは負うことになる。

⑩　**身元保証**　就職の際などに身元を保証するために身元保証人を要求される場合がある。この身元保証は，個人的な信頼関係により締結される場合が多く，また，内容が不明確な場合があるため，相続性が否定されている。

(3)　相続財産の共有

相続開始から各相続人に分割されるまでの間，相続財産は共同相続人に**共有**されており（**共有説**），これは，898条にも「共有に属する」とされていることから明らかである。たとえば，相続人ＡＢＣが３分の１ずつ相続分を持つとすると，それぞれが相続財産に対して３分の１ずつの**持分に応じた権利**の主張ができることになる。

(4)　相続財産の管理

相続財産は，相続が開始され分割が終了するまで，相続人が管理することになる。したがって，相続人の間で管理方法や管理費用を話し合い，合意すべきであるが，もし，この合意がない場合は，249条以下の「物の共有」に関する規定に従うことになる。たとえば，相続財産の保存行為といった現状維持に必要な行為は，共同相続人それぞれが単独で行うことができるが，処分をする場合は，当然，相続人全員の同意が必要となる。また，管理する費用は，各相続分に対応した負担となる。

2　相続財産を分ける──分割

(1)　遺産分割とは

相続が起こり，複数の相続人がいる場合（共同相続人），相続財産はいったん

共同相続人の共有（898条）という状態におかれ，そして，**遺産分割**されることにより，共有状態からそれぞれの相続人に分割され，帰属先（所有者）が決定する。

　[相続が開始し，相続財産が共有の状態である期間は，原則として，相続財産である預貯金からお金を引き出すことができない。たとえば，亡くなった夫名義の銀行口座のお金は，まだ誰が相続するか決まっていないので，勝手に引き出すことができない。しかしこれは，日常生活の中でとても不便である。そこで，「平成30年民法等改正案」において一部改正された。

　各共同相続人は，預貯金額の3分の1に法定相続分を乗じた額などに限定はされるが，標準的な当面の必要生計費や平均的な葬儀費用を単独で引き出すことができるようになった（909条の2）。家族を失った喪失感や葬儀，各種手続きなどで心身共に疲弊している時期に，「お金が引き出せない」という不安を解消できる配慮は必要だろう。]

☆補足　「相続財産」と「遺産」

　「相続財産」は相続の対象となる財産という意味で使用され，「遺産」も同意語として使用されている。「遺産分割」は相続の対象となる財産を共同相続人で分割することである。「相続財産分割」とはいわず，「遺産分割」と呼ぶ。

①　指定分割

　被相続人は，遺言で遺産分割の方法を指定できる。これを**指定分割**という（908条）。また，この指定は第三者に委託することも可能である。

②　協議分割

　共同相続人は，協議により，いつでも遺産の分割を要求できる（907条1項）。これを**協議分割**という。当事者全員の自由意思により遺産分割の協議が成立すれば，指定相続分や法定相続分に従わない分割も有効となる（遺産分割自由の原則）。当然，共同相続人の中に親権者と未成年者がいれば，利益相反行為となるため家庭裁判所による特別代理人の選任が必要となる（826条）。

（2）　遺産分割の基準

　相続財産には多種多様な物や権利義務が含まれているため，遺産分割をする際には総合的な配慮が求められる。つまり，「遺産の分割は，遺産に属する物又は権利の種類及び性質，各相続人の年齢，職業，心身の状態及び生活の状況

その他一切の事情を考慮してこれをする」（906条）ことが求められている。

(3) 遺産分割の方法

遺産分割するといっても，いろいろな方法が考えられる。

① 現物分割

個別の相続財産を，そのままの形で分割する方法である。遺産分割の原則とされる。

② 共　有

相続財産の全部または一部を共同相続人の共有にしておくという方法である。

③ 価額分割

相続財産を金銭に換価し，分割する方法である。

④ 代償分割

共同相続人の一部が，農地などを一括して取得する代わりに，他の共同相続人に対して金銭などを支払う方法である。

(4) 遺産分割の効果

① 相続財産の評価

理論的には相続が起こるとすぐに相続財産は相続人に承継されるが，現実的には，相続開始から遺産分割まではかなりの時間を必要とする場合が多い。その間，相続財産の価値の上下もあるだろうし，消滅してしまうものもある。それゆえに，いつの時点で相続財産を評価するかが問題となり，**相続開始時説**と**遺産分割時説**がある。現在は遺産分割時説が有力である。

② 遺産分割の遡及効

遺産分割の効力は，相続開始時にさかのぼり，相続開始時から各財産は相続人に帰属していたことになる（909条）。そこで，被相続人から相続人に直接承継されたものとして扱い，遺産分割はこれを事後的に宣言したに過ぎないとみる考え方がある。これを**宣言主義**という。一方，相続開始後，共有状態であった相続財産を遺産分割による共有持分の交換によって各自に帰属させたと考え，遺産分割の遡及効を認めない移転主義という考え方もある。しかしなが

ら，909条から宣言主義を採用しているのは明白である。

[「平成30年民法等改正案」では，配偶者の生活を守るため，大幅に条文の移動，追加，削除を行い，新たに「配偶者居住権（1028条から1036条）」および「配偶者短期居住権（1037条から1041条）」が創設された。（これにより，後述の「遺留分（1028条から1044条）」は，1042条から1049条に移動）。

配偶者居住権とは，たとえば，被相続人（夫）の配偶者（妻）は，夫の所有していた（夫の財産に属した）建物に相続開始時に居住していた場合，原則として，その建物に無償で住み続けることができる権利であり，この権利は配偶者の終身の間，存続する。

一見すると「当たり前」の内容だが，夫婦と子がいる家族で，夫の財産が居住していた建物（2千万円と仮定）だけの場合にこの権利は重要になる。たとえば，子がすでに独立し，家庭を持っている場合，相続財産の半分を妻（母）に求めること自体は正当である。しかし，妻に，居住している建物の半分（1千万円）の資金がなければ，建物を売却して，子の相続分を渡さなければならない。もちろん，これは，住み慣れた家を売却し，残ったお金で新しい住居を探さなければならないことを意味する。また，夫の財産が建物（2千万円）と預貯金（2千万円）であった場合，妻と子との半分ずつの相続として，子に預貯金をすべて渡してしまえば，妻には居住する建物は残るが，生活資金に困ることになる。その結果，建物を売却しなければならないことも考えられる。

このように残された配偶者が，相続によって住む場所を失ってしまう可能性は，実はかなり高い。そのため，たとえば，建物は子に相続させるが，妻は配偶者居住権によって，そのまま住み続けることができるという新しい権利を創設して配偶者の生活を守るのである。ただ，この配偶者居住権は無条件に取得できるものではなく，遺産分割による取得や遺贈の目的などにより配偶者の権利となる。

次に，配偶者短期居住権とは，たとえば，配偶者（妻）は，被相続人（夫）の財産として居住していた建物の所有権を相続または遺贈で取得した者（家族以外の第三者など）に対して，その居住していた建物に，期限はあるが，無償で住み続ける権利を認めるというものである。相続開始後，すぐに居住していた建物が第三者のものになれば，妻の居住する場所を確保できない。そのため，遺産分割によりその建物の所有者が確定した日，または相続開始の時から6ヶ月が経過する日のいずれか遅い日までは，配偶者短期居住権を持つことになり，最短でも相続開始から6ヶ月間は住み続けることができる。]

3　相続の承認と放棄

(1)　熟慮期間——承認か放棄か

①　選択できる期間

相続が起こると，相続人は，被相続人の財産を承継することになる（896

第13章　借金も財産ですか：財産と承認方法

条）。相続人は，積極財産・消極財産の区別なく単純に相続を承認（**単純承認**）することが多い。しかし，消極財産の方が積極財産よりも多いかもしれない場合，まず，被相続人の積極財産を使って被相続人の債務を返済した上で，積極財産の残りがあれば相続する（**限定承認**）ということもできる。逆に相続しないこと，つまり，相続の**放棄**を選択することも可能である。ただ，相続の承認または放棄の選択は，「自己のために相続の開始があったことを知った時」から３ヶ月以内にしなければならない（915条）。この期間が**熟慮期間**である。

この３ヶ月は，相続人の捜索や相続財産の調査，相続を承認するかどうかなどを選択するための期間であるが，相続の状況によっては短期間過ぎる場合があるので，利害関係人や検察官の請求によって期間を延長することもできる（915条ただし書）。

承認または放棄をせずに熟慮期間が経過すると，単純承認したことになる（921条２号）。つまり，限定承認か放棄を選択する場合は，熟慮期間内に選択する必要があるが，単純承認する場合はわざわざ選択する必要はなく，熟慮期間の経過によって単純承認したことになるのである。

② 熟慮期間の開始

では，「自己のために相続の開始があったことを知った時」とはいつだろうか。２つの説が考えられている。

〈Ⅰ〉　被相続人の死亡により，相続人になったことを知った時とする説。

〈Ⅱ〉　相続財産の全部または一部の存在を知った時とする説。

単純にいえば，〈Ⅰ〉は，自己が相続人になったことを知った時，〈Ⅱ〉は，相続財産のあることを知った時，ということになる。

☆例　示

　父Ａと子Ｙは，数年間，連絡を取っていなかった。父Ａが死亡し，子Ｙは相続財産がまったく存在しないと信じたため，熟慮期間中に限定承認も放棄もしなかった。ところが，Ａ死亡の１年後，ＸからＡの債務1000万円の返済を求められた。子Ｙにとっては，返済を求められるまで，この債務の存在を知ることは著しく困難であった。

　子Ｙは，返済を求められた後すぐに相続を放棄したが，この放棄は熟慮期間中

165

> にされたと認められるか。
>
> （この例示の元は最判昭和59・4・27民集38・6・698民法百選Ⅲ76〈第2版〉）

この例示のような場合，〈Ⅰ〉の説では認められず，〈Ⅱ〉の説では放棄が認められそうである。そこで，裁判所は，原則として，熟慮期間がはじまるのは，自己が相続人になったことを知った時であるが，例外的に，相続財産が存在しないと信じ，かつ，被相続人の生活歴，被相続人と相続人の交際状態その他の状況からみて，相続財産の調査が著しく困難で，相当な理由がある場合には「熟慮期間は相続人が相続財産の全部又は一部の存在を認識した時」から起算すべきであると判断した。

〈Ⅰ〉の説が原則であるが，条件によっては〈Ⅱ〉の説が採られるようである。

③ 熟慮期間開始の例外（再転相続と未成年者などの保護）

上記〈Ⅱ〉の説も例外といえるが，その他，**再転相続**による例外がある。たとえば，「祖父→父→子」と相続が続く場合，祖父の死亡後2ヶ月目に相続人である父が承認または放棄の選択をする前に死亡したとする。すると子は自己が相続人となったことを知った時から3ヶ月以内に，祖父および父の相続に対する選択をすることができるのである（916条）。つまり，父自身が持っていた熟慮期間は，残り1ヵ月であったが，それに縛られることなく，祖父と父の相続方法を選択することができる。

また，相続人が未成年者または成年被後見人であるときは，法定代理人が，その未成年者などのために相続の開始があったことを知った時から熟慮期間が開始することになる（917条）。

(2) 単 純 承 認

① 単純承認とは

相続の基本的な形式が**単純承認**である。被相続人が持っていた権利義務を，すべて単純に承継するため，積極財産だけでなく消極財産も引き継ぐ。つまり，被相続人が多額の借金を残せば，その借金を相続人が自己の財産で返済することになる（920条）。ただし，一身専属権的な権利は相続されない。

第13章　借金も財産ですか：財産と承認方法

②　単純承認の方法

単純承認となる方法は以下のとおりである。

(a)　限定承認または相続の放棄を選択せずに，**熟慮期間が経過**してしまえ
ば，単純承認したものとみなされる（921条2号）。もちろん，単純承認を選択
することもできると思われる（915条・920条参照）が，後で説明する限定承認の
性質や熟慮期間が3ヶ月と比較的短期間であるため，ほとんどが熟慮期間の経
過により，単純承認することになる。

(b)　相続人が，相続財産の全部または一部を**処分**したときも単純承認したと
みなされる（921条1号）。ここで処分とは，自己のために相続財産を売却した
り，消費したりすることである。つまり，自己のために処分するということ
は，「自分のもの」と認めたといって良いからである。ただし，保存のための
行為などは，その相続財産を維持するために必要であるので，ここでの処分に
は該当しない（同条同号ただし書）。

(c)　限定承認または相続の放棄をした者が，相続財産の全部または一部を隠
匿したり，消費したりした場合も単純承認したとみなされる（921条3号）。た
とえば，相続人が限定承認や相続の放棄を，被相続人の借金（債務）の負担か
ら逃れるために利用する場合，相続人にとっては有益な相続方法となる。それ
にもかかわらず，相続財産を隠匿したり消費したりするのであるから，そのよ
うな「**背信的な行為**」をする者に，限定承認や相続の放棄の利益を与える必要
はないといえるのである。

(3)　限定承認

①　限定承認とは

被相続人の相続財産は，積極財産，つまり，不動産や預貯金というプラスの
財産もあれば，消極財産，つまり，住宅ローンや借金などのマイナスの財産も
ある。そうすると，残された財産が，結果的にプラスになるのかマイナスにな
るのか分からないときがある。そこで，相続財産の内，積極財産の限度内で，
被相続人の債務や遺贈（後で詳しく説明する）を弁済し，それでも財産が残れば
相続するということを可能にした。これが**限定承認**である（922条）。

167

② 限定承認の方法

相続人が複数の場合，すべての相続人（共同相続人）が全員で限定承認をしなければならない（923条）ので，相続人の内，一人でも単純承認してしまうと限定承認はできなくなる。また，手続きも複雑であり，3ヶ月の熟慮期間内に，相続財産の財産目録を作成して家庭裁判所に提出し，限定承認するという申述をしなければならない（924条）。

3ヶ月という熟慮期間内に，相続人全員で手続きを整えるのは大きな負担であり，ましてや相続，つまり，被相続人の死亡直後にこのような作業を行うことは現実的にかなりの労力であるため，限定承認はあまり利用されていない。

③ 限定承認の効果

限定承認をした相続人は，相続した積極財産の限度において被相続人の債務や遺贈を弁済すれば良いため，積極財産が不足しても，限定承認した相続人自身の財産から弁済する必要はない。

(4) 相続の放棄

① 相続の放棄とは

親から子へ，そして，子から孫へと財産などを引き継いでいくのは，自然的な感覚だといえる。そうすると，プラス財産だけでなく，マイナス財産も，本来であれば引き継いでいくべきであろうが，相続人個人の立場からすれば，自分の責任ではない被相続人のつくった借金を引き継がされるのは厳しいことである。そこで，被相続人の死亡により発生した相続人としての効果を消滅させる方法として**相続の放棄**が定められている（939条）。

ただ，マイナス財産のためだけに相続が放棄されるのではなく，たとえば，相続による農地の細分化を防ぐ目的で，農業を引き継ぐ者に相続財産を集中させるため，他の相続人が放棄するということはよく行われている。

② 相続放棄の方法

相続放棄をする方法として，熟慮期間内に家庭裁判所に対して書面または口頭で放棄の申述をしなければならない（938条）。

相続の放棄は，単独で行うことができ，財産目録を提出する必要もないの

第13章　借金も財産ですか：財産と承認方法

で，限定承認よりは利用されやすいが，３ヶ月という短い熟慮期間内で決断しなければならない。また，一度相続の放棄を行えば，熟慮期間内であっても**放棄の撤回は許されない**（919条１項）ので，注意が必要である。

　また，この方法以外に相続放棄は認められないので，相続開始前には相続の放棄はできないということになる。

③　相続放棄の効果

　相続の放棄をした者は，その相続に関して，はじめから相続人にならなかったとみなされる（939条）。この放棄の効果は，第三者に対しても主張できる。

　はじめから相続人にならないことから，たとえば，「祖父→父→子」の相続関係で，祖父の死去による相続を父が放棄してしまうと，子は代襲相続することができなくなる。

4　相続回復請求権とは

(1)　相続回復請求権とは

　相続が起これば，被相続人の持つ権利義務が相続人に承継され，相続財産については，相続人が実質的に支配・運用・処分などをしていくことになる。しかし，相続人が相続財産を現実的に承継できない場合もある。たとえば，相続欠格者などが，相続財産を承継する権限がないにもかかわらず，実質的に相続財産を占有・支配してしまうことがありうるのである。この実質的に支配している者を**表見相続人**と呼び，この表見相続人に相続財産を侵害されている者を**真正相続人**と呼ぶ。

　真正相続人は，当然ながら，相続する権利を主張することによって，相続財産の侵害を排除するとともに相続財産の回復を請求することになる。これが**相続回復請求権**である（884条）。

　この請求権は，相続人またはその法定代理人が，相続権を侵害されたという事実を知った時から５年間行使しなければ，時効により消滅し，また，相続開始の時から20年経過した場合も消滅すると規定されている。

　このように請求する権利を５年という短期間しか認めないのは，相続関係の

169

早期の安定と取引の安全を図るためだといわれているが，真正相続人の保護よりも，表見相続人を有利に保護する制度になっていると批判されている。

(2) 相続回復請求権の性質

民法において，この相続回復請求権にかかわる規定は，884条の一文のみである。よって，その性質や要件などの内容は不明確な点も多く，学説や裁判所の解釈が重要となる。ここでは対立する説を概略するにとどめる。

① 独立権利説

相続回復請求権は，誰が真の相続人であるかを重視しているため，表見相続人の行為を個々の財産の侵害を超える，包括的な侵害であると捉え，個々の請求権とは別の独立した包括的請求権であるとする説である。

② 集合権利説

相続回復請求権は，表見相続人の行為が個々の財産の侵害であるため，侵害されている個々の請求権が発生し，それを集合させたものであるとする説である。裁判所はこちらの説を採っているとされている。

☆ちょっと考えてみよう　「相続」の話の前提になるもの

　「相続」の内容をみるとき，人が亡くなると，大きな影響が残された者に与えられるということを改めて考えさせられる。本文では法律の問題として，「相続」が開始し，財産を分けて，それを相続人が承認するかどうかなどの「相続」の内容を記述しているが，実際には，身内を亡くした悲しみや混乱が一度に襲い掛かり，気持ちの整理がつかない状況の中で，相続放棄などの選択に迫られるのである。問題のない相続であってもかなりの労力が必要であるが，財産の分配をする際に，銀行の通帳や印鑑が行方不明の場合や，相続人の知らない借金が判明する場合など，亡くなった人に苦情をいいたくなる場合もありうる。ましてや，「隠し子」が登場すれば，混乱はピークに達するだろう。

　さて，「相続」の内容を読んでいく中で，その前提となっている事柄を意識できただろうか。かなり前の復習になるが，「法律婚主義」が相続の前提となっている。

　個人の所有物は，理由なく誰かの物になることはない，絶対的な権利である。しかし，その個人が死亡したときには，誰か他の者に所有権が移転することになる。その「誰か」が誰でも良いということになれば，大混乱となるだろう。残された家族が一瞬の内に住む家まで失うということが当たり前になるとすれば，安定した社

第13章　借金も財産ですか：財産と承認方法

会など望める訳がない。だからこそ法律による婚姻によって，安定した相続が行われるように配慮がされていると考えることもできる。とはいえ，現在の自由な世の中で，内縁を選択することを非難することも難しい。自由に対する非難ともいえるからである。

　そこで，相続人は，「法律による婚姻」をした配偶者やその子などに限定すべきか，もしくは「内縁」とはいえ実質的に夫婦といえるのだから，その内縁相手とその間に生まれた子なども相続人として認めるべきか，考えてみてほしい。とくに，「重婚的内縁関係」の場合，法律上の配偶者と内縁の相手のどちらに「相続」を認める方が良いと考えるか，法律的な視点や感情的な視点，実社会的な視点などから考えてみてほしい。

第**14**章　遺言を考える：遺言と遺贈

1　最終の意思決定

（1）遺　　言
①　最期の意思表示

　いくら自分の所有する大切な物や権利でも，自分の死後はどうすることもできない。かといって，大事にしていた自分にとっての宝物が，放置されて朽ち果てることになってしまえば，まさに，死んでも死に切れない。また，自分の死後，相続人たちの争いが確実であれば，自分の死の恐怖よりも，死後の争いに対する心配の方が大きくなってしまう。

　そこで，自己の所有する財産の処分などに対する最終意思を尊重，実現させるために**遺言**の制度がある。自分の物や権利義務に対する取り決めなので，遺言の内容は，原則として，被相続人となる遺言を書く者（遺言者）の自由である（**遺言の自由**）。また，最終的な意思表示を尊重すべきであることから，民法で定められている法定相続分よりも遺言の内容は優先することになる。しかし，民法に定める一定の法定相続人については，**遺留分**という相続分の保障が定められているため，その遺留分（後で詳しく説明する）を侵害することはできない。

②　遺言の現状

　遺言書を作成する人は増えてきている。ただ，一般的に誰もが遺言を作成するという段階とはいえない。ある程度の資産などがない限り，遺言書作成の手間を考えて，なんとなく遺言を残さないというのが現状だろう。とくに，自己の死亡が前提となる遺言は，縁起が悪いと感じてしまうのが，まだまだ一般的といえるのかもしれない。

第14章　遺言を考える：遺言と遺贈

☆補足　「遺言」
　「遺言」の読み方として，一般的には「ゆいごん」と読む方が多いが，法律関係
では「いごん」と読む。

(2)　遺 言 能 力

　遺言は，15歳になれば作成することができる（961条）。本来，未成年者が法
律行為をする場合，法定代理人の同意が必要となる（5条）が，法律行為であ
る遺言は単独で可能とされている（962条）。成年被後見人も一定の条件がそろ
えば遺言することができる（973条）。ただし，遺言も法律行為であるから，意
思能力は必要であるとされている。

(3)　共同遺言の禁止

　たとえば，夫婦と子の相続関係において，夫婦で1つの遺言を作成すれば手
間は省ける。「土地家屋は生存している配偶者が相続する。その配偶者も死亡
した時は，子Aに相続させる」という遺言にしておけば，残された配偶者は遺
言を作成しなくても良くなる。しかし，遺言は，遺言作成者の最終意思を示す
ものであるため，遺言内容の変更や破棄は自由に行われるべきである。そうす
ると，共同で遺言を作成することによってどちらか一方の「遺言の自由」が制
約される可能性が出てしまう。それゆえに，二人以上の者が同一の遺言証書に
よって遺言を作成することは禁止されている（975条）。

(4)　遺言の内容

　遺言の自由といっても，法的効果のある遺言の内容となる事項は以下に示す
ようなものである。これは，遺言が相続人の一方的な意思表示（単独行為）と
いう性質を持つので，まったくの自由にしておくことは思わぬ混乱を招きかね
ないために定められているのである。

①　身分に関係する事項

　子の認知（781条2項），未成年後見人の指定（839条1項），未成年後見監督人
の指定（848条）。

173

② 相続に関する事項

相続人の廃除および取消し（893条・894条），相続分の指定（902条），特別受益の持戻し免除（903条3項），遺産分割の指定および禁止（908条），担保責任の分担（914条），遺言執行者の指定（1006条），減殺の割合方法（1034条）。

③ 相続以外に関する事項

祭祀の主宰者の指定（897条），遺贈（964条），一般財団法人の設立（一般法人法152条2項）

だから，たとえば，「子どもたちでお母さんを助けていくように」と遺言に書かれていても，残された家族にとっては重要な意味があるとはいえ，遺言による法的効果はない（もちろん，扶養という意味で助け合うのは当然である）。

2　遺言の種類

遺言の性質上，遺言者の死亡後にその内容を本人に確認できないため，厳格な方式による遺言の作成が求められる。手続きなどに若干の手間がかかるとはいえ，遺言者の意思をより正確に実現しようという配慮がなされている。

(1)　普通方式遺言

① 自筆証書遺言

遺言者自身が，遺言書の全文，日付，氏名を自書し，印を押すことによって作成できる（968条）。もっとも簡単に作成できる遺言であり，遺言の内容はもちろん，遺言の存在自体を秘密にできる長所がある。

ⅰ 「**自書**」　偽造や変造が行われないように自書が求められる。パソコンやワープロでの作成は無効とされ，また，手の震えなどによって自分で字のかけない遺言者の声に従い，遺言者の手を取って補助しながら作成された遺言も無効とされた（最判昭和62・10・8民集41・7・1471）。ただし，カーボン複写によって作成された遺言は有効とされている（最判平成5・10・19家月46・4・27民法判例百選Ⅲ80〈第2版〉）。

ⅱ 「**日付**」　遺言は何度でもつくり直すことができ，最終の遺言が有効と

第14章　遺言を考える：遺言と遺贈

なるので，確認するための日付は重要である。よって，「米寿の誕生日」といった日付が特定できる文言は有効となるが，「平成〇〇年四月吉日」といった記載は無効とされる。

�　「氏名」　「氏名」は，遺言者と特定できれば良いとされている。よって，戸籍上の正式な氏名でなく，通称や芸名，名だけでも良い。

☆コメント　「氏名」

　　自書や日付が厳格といえるのに対して，「氏名」は意外と柔軟である。大正時代の判例では「をや治郎兵衛」と名だけが記載された遺言を有効としたものがある（大判大正4・7・3民録21・1176）。

⑷　「印」　　印鑑登録された実印である必要はない。また，指に朱肉などをつけて押す拇印でも良いとされている（最判平成元・2・16民集43・2・45）。

☆**例　示**

　　死亡したAには前妻との間の子Yがいる。後妻であるXとの間には子はなかった。Aは自筆証書遺言を作成していたが，遺言書自体には押印がなく，遺言書を入れていた封筒の「封じ目」に押印がされていた。

　　Xは，遺言書自体に押印がないので遺言書の無効を訴えた。

　　Xの主張は認められるか。

（この例示の元は最判平成6・6・24家月47・3・60民法百選Ⅲ79〈第2版〉）

　この例示の元になった事案において，裁判所は，次のように判断して，Xの主張を退けた。まず，自筆証書遺言に自書の他，押印を要する趣旨は，遺言者の同一性および真意を確保するとともに，わが国では重要な書類には署名の下に押印して文章を完成させるという慣行ないし法意識があると解されるからであり，この趣旨が損なわれない限り押印は必ずしも署名の下であることは要しない。また，重要書類の入った封書の封じ目に押印することはあり，この趣旨は，差出人の同一性，真意を明らかにする他，封書内の文書の目的を確定し，かつ，明示することにある。

　そうすると，たしかに遺言書自体には押印はないが，遺言書という重要書類

175

であるからこそ封書の封じ目に押印されたのであり，直接的には本件遺言書を封筒内に確定させる意義を有するが，それは同時に本件遺言書が完結したことをも明らかにする意義を有している。だからこそ，この遺言書は有効であると判断されたのである。

遺言書の厳格な様式と遺言者の真意との比較において重要な判断といえる。

   ⓥ **自筆証書遺言の問題点**   遺言者本人が作成するため，日付や押印などで要件違反（記入漏れや不確定な日付など）が多く，また，偽造・変造の可能性も高い。その上，隠匿されたり紛失する場合も多いとされている。

また，遺言を執行するためには，つまり，遺言の内容を法的に実現するためには，家庭裁判所で**検認**という手続きをしなければならない（1004条）。検認とは，内容の真意性や有効性を判断する訳ではなく，遺言書の変造や隠匿を防ぐために日付や署名，押印を確認・記録する手続きである。遺言書の保管者は，相続開始後，遅滞なく家庭裁判所に遺言書を提出して検認の請求をしなければならない。ただ，検認を受けなかった場合でも，5万円以下の過料（1005条）には処せられるが，遺言書は無効とはならない。

遺言書が封印されている場合は，家庭裁判所において相続人などの立会いの下，**開封**しなければならない（1004条3項）。家庭裁判所以外で開封した場合も5万以下の過料に処される（1005条）。

[このように，自筆証書遺言は，自分で作成できる便利さがある反面，「自書」する必要や紛失・偽造・変造，そして検認の手続きなど，問題点も多い。そこで，「平成30年民法等改正案」および「法務局における遺言書の保管等に関する法律案（平成30年7月6日国会可決）」において一部改正された。

まず，自筆証書遺言において，財産目録（自分の財産をまとめたもの。預貯金や不動産，借金など財産の一覧表）も手書きで作成する必要があり，これは高齢者にとってかなりの負担になると考えられていた。そこで財産目録については「自書」を要しないことになり，パソコンなどで作成することが可能となった（968条第2項）。次に，自筆証書遺言を自宅で保管していると，紛失・偽造・変造などが発生する可能性があるので，法務局（遺言書保管所）に遺言書の保管の申請をすることができるようになる。これにより紛失などの危険性はかなり低くなる。また，遺言書保管所に保管されている遺言書については検認の手続きが不要となり，手続きの簡便化が図られることになった。]

第14章　遺言を考える：遺言と遺贈

☆補足　「過料」
　　法秩序に違反した場合の行政上の秩序罰など。刑罰を科するほど重大な社会法益の侵害ではない場合，秩序罰として過料に処される。

②　公正証書遺言

　遺言者が，**公証人**に遺言の内容を伝え，それによって公証人が遺言書を作成・保管しておくという遺言（969条）。公証人が作成するため，自筆証書遺言のような要件違反や偽造・変造，また，紛失・隠匿といったおそれがない。

☆補足　「公証人」
　　「公証人」とは，遺言書の他，契約書や保証書などの公正証書などを作成する法律専門家。法務大臣が任命し，法務局または地方法務局に所属する。

　ⅰ　「証人」　　証人二人以上の立会いが必要（969条１号）。
　ⅱ　「**公証人に口授**」　　遺言者が遺言の趣旨を公証人に口授する，つまり，口伝えする（同条２号）。公正証書遺言は，口伝えにより作成されるため，文字を書くことができない者や重病の者に有効であるが，言語機能障害を持つ者，つまり，口のきけない者には利用できないという問題があった。そこで，平成11（1999）年の改正（平成12（2000）年４月施行）により，公証人および証人の前で遺言の趣旨を通訳人の通訳により申述するか，自書，つまり，筆談することによって，「口授」に代えることが可能となった（969条の２）。
　ⅲ　「**筆記，読み聞かせ**」　　公証人が遺言者から口伝えされた内容を筆記する。そして，筆記した遺言書を，遺言者および証人に読み聞かせ，または閲覧させる（969条３号）。聴覚障害を持つ者，つまり，耳の聞こえない者に対しては，通訳人の通訳によって，「読み聞かせ」に代えることができる（969条の２第２項）。
　ⅳ　「**署名・押印**」　　遺言者および証人が筆記の正確なことを承認した後，各自が署名・押印する。遺言者が署名できないときは公証人がその事由を付記することにより署名に代えることができる（969条４号）。そして，公証人が以上の方式に従って作成したと付記して，署名・押印する（同条５号）。
　ⅴ　**公正証書遺言の問題点**　　まず，公正証書遺言は，家庭裁判所の検認が不必要とされているので利便性があり有益である（1004条２項）。これは，公証人

177

が作成・保存するため，要件違反や変造・偽造などのおそれがないためである。ただ，作成に若干の費用がかかることや，証人が必要となるため内容を秘密にできず，「遺言の自由」が守られるのかという問題はある。

③ 秘密証書遺言

遺言者本人が遺言書を作成し，封書に封印した後，公証人，遺言者，証人による署名・押印を必要とする遺言（970条）。遺言の内容を秘密にできる上，遺言の存在を明確にできるという特徴を持つ。

ⓘ **「遺言者の署名・押印」**　遺言者が署名・押印する必要がある（970条1項1号）が，遺言書自体，つまり，遺言書の本文や日付は自書でなくても良いとされるので，パソコンやワープロまたは代筆でも良い。

ⓘⓘ **「封印」**　遺言者が遺言書を封筒に封じ，遺言書に押印した印で封印する（同条同項2号）。

ⓘⓘⓘ **「申述」**　遺言者が公証人一人および証人二人以上の前に封筒を提出して，自己の遺言書であることなどを申述する（同条同項3号）。

ⓘⓥ **「封紙に記載」**　公証人が日付および遺言者の申述を封紙に記載し，公証人，遺言者，証人が署名・押印する（同条同項4号）。

ⓥ **秘密証書遺言の問題点**　公正証書遺言以外は裁判所の検認が必要とされるので，この秘密証書遺言にも検認が必要であり（1004条1項），開封も家庭裁判所で行わなければならない（1004条3項，本章2(1)①自筆証書遺言参照）。

秘密証書遺言としての方式を欠く場合でも自筆証書遺言の要件が備わっている場合は，自筆証書遺言として有効となる場合がある（971条）。遺言者の意思を尊重した対応といえるだろう。

(2) 特別方式遺言

普通方式の遺言を作成することが困難な状況にある場合を考慮し，民法には特別な方式による遺言が準備されている。たとえば，病気などにより普通方式の遺言を作成する時間のない場合や隔絶地にいる場合，船舶の遭難という緊急事態に陥っている場合が，この特別方式遺言の対象者である。

なお，この特別方式遺言は，遺言者が普通方式遺言によって遺言できるよう

178

になった時から 6 ヶ月間生存するときは，その効力を失う（983条）。

① 死亡危急者遺言

病気などにより時間的猶予のない者による遺言である。証人三人以上の立合いのもと，その内の一人に遺言の趣旨を口授し，その口授を受けた者が筆記して，遺言者およびその他の証人に読み聞かせ，または閲覧させる。各証人が筆記の正確なことを承認した後，署名・押印しなければならない（976条1項）。口のきけない者や耳の聞こえない者でも通訳人の通訳により，この遺言を利用できる（同条2項・3項）。

この遺言は，遺言の日から20日以内に，証人の一人または利害関係人から家庭裁判所に請求して確認を得なければ効力を生じない（同条4項）。

② 伝染病隔離者遺言

伝染病のため行政処分によって交通を断たれた場所にいる者は，警察官一人および証人一人以上の立会いにより遺言書の作成が可能となる（977条）。遺言書自体は代筆でも良いが，遺言者，筆者，立会人（この場合，警察官）および証人は遺言書に署名・押印しなければならない（980条）。

③ 在船者遺言

船舶中にある者は，船長または事務員一人および証人二人以上の立会いにより遺言書の作成が可能となる（978条）。遺言書自体は代筆でも良いが，遺言者，筆者，立会人（この場合，船長または事務員）および証人は遺言書に署名・押印しなければならない（980条）。

④ 船舶遭難者遺言

船舶の遭難により死亡の危急に迫った者は，証人二人以上の立会いにより，口頭で遺言をすることができる。この場合，証人が筆記して，署名・押印する。そして，証人または利害関係者が家庭裁判所に確認を得なければ，効力は生じない（979条）。

3　遺言の執行と効力

(1)　遺言の執行

①　遺言の執行とは

遺言者，つまり，被相続人の死亡により，遺言は効力を生じる。その遺言の内容を実現する行為が**遺言の執行**と呼ばれる。遺言の検認・開封を経て確認された内容，たとえば，認知の届出や相続財産の引渡しなどがある。

②　遺言執行者

ⓘ　**遺言執行者の指定**　遺言の執行をする者を**遺言執行者**と呼び，遺言で指定されるか，第三者に指定を委託される（1006条）。遺言執行者の指定がない場合，利害関係人の請求により家庭裁判所が選任する（1010条）。相続人や法人でも良いが，未成年者や破産者は遺言執行者にはなれない（1009条）。

ⓘ　**遺言執行者の職務**　遺言執行者は，遺言者の意思を尊重して遺言の内容を実現しなければならず，相続財産の管理や遺言の執行に必要な行為をする権利義務を持つ（1012条）。それゆえに，遺言執行者が存在する場合，相続人は相続財産の処分や遺言の執行を妨げる行為をすることができない（1013条）。

(2)　遺言の効力

①　遺言の効力発生時期

生前の作成時に遺言は成立するが，効力が発生するのは遺言者の死亡の時である（985条1項）。また，停止条件が付いている場合は，その条件が成就した時に効力が生じる（同条2項）。たとえば，孫に対して「婚姻したらお祝いを○○円する」という条件が付いている場合，孫が婚姻すれば効力が生じる。

②　内容の解釈

遺言の効力を生じさせようとしても，その記載方法から内容の判明しない場合がありうる。遺言特有の性質として，一方的な単独行為であり，厳格な方式に従うことが求められる反面，遺言者の最終意思を尊重するべきであることから，内容が不明瞭な場合の解釈が問題となる。

第14章　遺言を考える：遺言と遺贈

そこで裁判所は，「遺言の解釈にあたっては，遺言書の文言を形式的に判断するだけではなく，遺言者の真意を探求すべきもの」であるとして，柔軟な態度を示している（最判昭和58・3・18家月36・3・143）。

(3)　遺言の撤回

①　撤回の自由

遺言者は，いつでも，遺言の方式に従って，遺言の全部または一部を**撤回**することができる（1022条）。「遺言の方式に従って」ということは，新しい遺言によって古い遺言を撤回できるということである。この撤回する権利は放棄することができない（1026条）。

②　撤回の方法（法定撤回）

(a)　古い遺言と新しい遺言の内容が抵触する場合，古い遺言の抵触部分が撤回されたとみなされる（1023条1項）。たとえば，古い遺言の一部で「土地Aは配偶者に」と記載されていたところ，新しい遺言の一部で「土地Aは子へ」となっていれば，古い遺言の一部分が効力を失い，新しい遺言の一部分が有効となる。

(b)　遺言者が生存中に処分したものが遺言内容と抵触する場合も，遺言を撤回したものとみなされる（同条2項）。たとえば，遺言で「土地Aを子へ」となっていたが，その後，遺言者が生存中に土地Aを他人に贈与してしまった場合，その部分の遺言は撤回されたとみなされる。

(c)　遺言者が，遺言書を破棄したときは，遺言を撤回したものとみなされる。また，遺言者が，遺贈の目的物を破棄したときも，遺言を撤回したものとみなされる（1024条）。

③　撤回の撤回

撤回された遺言は，詐欺・強迫の場合を除き，再度撤回されても，つまり，撤回の撤回がなされても，その効力は回復しない（1025条）。

(4)　遺言の無効・取消し

遺言であっても無効・取消しの問題が生じるが，遺言者はいつでも遺言を撤

回できるため（1022条），基本的に遺言者の死後の問題となる。

① 無　効

法定の方式に違反する遺言（960条），15歳未満の者の遺言（961条・963条），共同遺言（975条）などが無効な遺言となる。また，公序良俗に反する（90条）遺言も，当然，無効となる。

② 取消し

いつでも撤回できる遺言に対して取消権を認めることは疑問視される場合がある。しかし，たとえば，詐欺・強迫により遺言書が作成され，その後，遺言者が意思能力を失った場合などには，その法定代理人が取消権を行使する必要があり，また，取消権が相続される必要があるため遺言の取消しは必要とされる。なぜなら，撤回は遺言者の一身専属権と考えられ，相続できないと考えられるからである。

4　遺贈とは何か

自分の所有物を自分の死後，相続人以外の者に譲りたいということはありうる。たとえば，自分や友人にとっては大事なコレクションでも，家族にとっては無価値な場合はよくある。この場合，遺贈という制度が活用できる。

遺贈とは，遺言により自分の財産を無償で他人に与えることであり，もっとも「遺言の自由」を実現できるものといえる。ただし，後で詳しく説明する「遺留分」に関する規定には違反することはできない（964条ただし書）。

(1)　遺　贈

① 受遺者と遺贈者と遺贈義務者

遺贈を受ける者を**受遺者**という。受遺者には相続人以外もなれるが相続人もなることができる。**遺贈者**とは遺贈をする者であるから遺言者であり被相続人である。**遺贈義務者**とは，遺贈を実行する者であり，相続人または遺言執行者である。遺贈者は死亡しているのであるから遺贈義務者にはなれない。

第14章　遺言を考える：遺言と遺贈

②　包括遺贈と特定遺贈

遺贈には包括遺贈と特定遺贈がある（964条）。

ⅰ　**包括遺贈**　　相続財産の全部または一定割合を遺贈するというもの。包括遺贈の受遺者を「包括受遺者」と呼ぶ。積極財産も消極財産も含まれるため，相続人と同じような扱いを受ける（990条）。

ⅱ　**特定遺贈**　　相続財産の内，特定の積極財産を与えるというもの。特定遺贈の受遺者を「特定受遺者」と呼ぶ。「Ａという土地をＸに遺贈する」「Ｂという車をＹに遺贈する」というように対象が明確でなければならない。

☆コメント　「遺贈」と「死因贈与」

「贈与」は，たとえば，ＡＢ間で，Ａが「車を贈与する」，Ｂが「車をもらいます」と合意する契約であり，「死因贈与」も「私が死んだら」という条件の付く贈与である。だが，「遺贈」は，遺言による一方的な単独行為なので，相手の同意は必要としない。よって，「遺贈」と「死因贈与」は，まったく別のものである。

しかし，両者とも死亡により効力が発生するという類似点があるのはたしかであるため，「死因贈与」は，「遺贈」の規定を準用している（554条）。

そうすると，この類似点により，要件が不備で認められなかった「遺贈」が，「死因贈与」として認められないか，つまり，無効な遺言の「死因贈与」への転換，ということが検討されるようになった。たとえば，日付の不備で無効となった「遺贈」で，受遺者となるはずだった者もその遺言により「遺贈」されることを承諾し，同意している場合，「死因贈与」としての要件は満たされる可能性がある。これは，遺言者の真意を実現するためにも有益な転換だといえるだろう。

(2)　遺贈の承認と放棄

①　遺贈の承認

遺贈義務者や利害関係人は，受遺者に対して，相当な期間を定めて，遺贈の承認または放棄の選択を催告することができ，期間内に受遺者が意思を表示しないときは承認したとみなすことができる（987条）。

受遺者が遺贈の承認または放棄しないで死亡したときは，その相続人が，自己の相続権の範囲内で承認・放棄することができる（988条）。

②　遺贈の放棄

遺贈者の一方的な意思表示である遺贈は，受遺者にとってすべて歓迎される

183

とは限らないため，受遺者はいつでも遺贈を放棄することができる（986条）。

なお，遺贈を承認または放棄した場合，撤回することはできない（989条）。

③　包括受遺者の場合

ただし，包括受遺者の場合は，上記の①遺贈の承認②遺贈の放棄の規定は適用しないとされている。なぜなら，990条の規定により，包括受遺者は「相続人と同一の権利義務を有する」とされているため，法定相続人と同様，熟慮期間の3ヶ月以内に遺贈の単純承認・限定承認・放棄を選択しなければならず，この選択をしなければ，遺贈を単純承認したとされるためである。

(3)　遺贈の効果

①　包括遺贈の場合

包括遺贈の場合，相続人と同一の権利義務を有することになるので（990条），たとえば，相続人と遺産を共有し，遺産分割の協議にも参加することになる。

②　特定遺贈の場合

特定される財産が目的物となるので，遺言が執行されるとともに特定受遺者に権利が移ると考えられている。

☆コメント　「負担付遺贈」

　　受遺者に対して，遺贈はするが一定の義務を負担させる「**負担付遺贈**」というものがある。この「負担」した義務を受遺者が履行しないときは，相続人は，相当の期間を定めて履行の催促をすることができ，この期間内に義務が履行されなければ，遺贈の取消しを家庭裁判所に請求できる。たとえば，土地を遺贈する代わりに，老親の面倒をみるといった場合が考えられる。

☆ちょっと考えてみよう　遺言の内容が問題になる場合

　　夫Aは，妻Xと子がいたが，36歳年下の女性Yと不倫・半同棲関係にあった。Aが死亡する前の約7年間，夫Aと女性Yの関係は継続していた。

　　Aと妻Xは，別居状態にあり，夫婦としての実体は，完全ではないがある程度なくなっていた。また，妻Xは，夫Aと女性Yとの関係も早くから知っていた。

　　Aは，Yのマンションを訪れているとき，Aが死亡した場合，妻X・子・女性Yの3人に全財産を3分の1ずつ分けるという内容の遺言を残した。

第14章　遺言を考える：遺言と遺贈

　妻Ｘは，この遺言は公序良俗に反するとして無効を求めたが認められるだろうか。ちょっと考えてみてほしい。

　この場合，まず，「遺留分」に反してはいないので，その点は問題ない（964条）。すると，不倫関係にあった者に財産を残すことが問題となり，①「遺言の内容で相手の気を引き，不倫関係を継続させるため」に遺言を書く場合と，②「生計を頼られているので，相手の生活を保全するため」に遺言を書く場合がある。本件の場合，②であると認められている。また，この遺言により妻Ｘと子の生活が経済的に困窮するかどうかも考慮される。（最判昭和61・11・20民集40・7・1167家族百選87〈第7版〉）

　考えの材料を以下にあげる。

　「遺言は自由だから問題がない」「不倫相手に財産を残すこと自体許せない」「不倫関係を続けるための手段だから遺言とはいえない」「相手の生活を守るためなら生きているときの贈与で良い」「法律婚主義から許されない」「夫婦は破綻している」「約7年の関係を重婚的内縁関係とみる」などいろいろあると思う。

　ちなみに，裁判所は，不倫関係の維持継続を目的とした遺言ではなく，女性Ｙの生活を保全するためのものであり，また，Ｘと子の生活の基盤に影響するものでもないため，公序良俗違反にはならないと判断した。

☆じっくり考えてみよう　証人としての適性

　Ａは，公正証書遺言を作成するにあたり，盲人のＢを証人にした。遺言の内容は，相続人ではないＣに全財産を遺贈し，Ｂを遺言執行者に指定している。Ａ死亡後，Ａの子である子Ｙが相続財産の土地の移転登記をしたので，証人Ｂは遺言執行者として登記の抹消を請求した。（その後，Ｂが死亡したため，Ｂの妻Ｘが訴訟を継続。）子Ｙは，証人Ｂが盲人であったため証人不適格者であり遺言は無効と主張した。（最判昭和55・12・4民集34・7・835民法百選Ⅲ81〈第2版〉）

　五人の裁判官の内，①三人はＢの証人適格を認め，②二人が証人適格を否定。

　①　盲人を欠格者とはいえず，公証人の筆記が正確なことの承認は遺言者の口授と公証人の読み聞かせを対比することで足りる。

　②　口授と筆記内容の正確性が求められ，直接，筆記そのものについて確かめる必要があり，それが証人の責務である。

　通常では考えられないが，仮に公証人が，筆記内容と読み聞かせを，意図的に相違させた場合，証人がその違いを確認できるかどうかが問題となる。

　証人という任務を果たすためには②の意見にも十分，理由はある。ただ，①の意見でも十分，任務を果たすことが可能ともいえる。法律の厳格性や法律の効果・結果の重大性などを考えると，難しい問題ではあるが，じっくり考えてほしい。

第15章 残された者たちへ：遺留分

1 遺 留 分

(1) 残された者へ

通常，親の死亡により家族で暮らしていた家や親の預貯金，保険などすべてを子が引き継ぐことになる。また，子が独立して家庭を持っていれば，元々自分たちの住んでいた，いわゆる「実家」の処分を検討しなければならない場合も出てくる。そうして「親の世代」から「子の世代」へと世代が移り変わっていくのである。

しかし，「子」だからといって，「親」のすべてを引き継げるとは限らない。親も一人の「人」であるから，自分の物や権利は，自分の好きなように処分することできる。だから，親が自分の死後に「自分の物はすべて友人にあげる」という選択をすることも可能なのである。そうすると，家の名義や預貯金などが，すべてその親の名義である場合，残された家族は一瞬にして，それらの「引き継ぐはずであった財産」を失うことになってしまう。しかし，これでは一般的な感覚と照らし合わせてみたときに納得できるものではない。そのために**遺留分**という制度が登場する。

(2) 遺留分とは

たしかに，被相続人の最終意思を尊重するならば，家族と関係のない第三者に対する生前の多額の贈与や「すべての財産を遺贈する」という遺言も尊重すべきであるが，それでは残された家族の生活保障や相続財産に含まれる潜在的な持分の清算ができなくなる。そこで，「処分の自由の確保」と「残された者たちへの配慮」との調整が必要となり，生前や死亡後における被相続人の自由な処分を制限し，残された家族の最低限度の生活保障などのために，一定割合

186

第15章　残された者たちへ：遺留分

の相続財産が，一定の相続人のために処分されることなく残されるのである。
これを**遺留分**と呼ぶ。つまり，一定の相続人は，どのような内容の遺言が残さ
れたとしても，必ず，一定の相続財産を引き継ぐ権利が与えられるのである。

(3)　遺留分権利者

　被相続人の相続財産の内，一定割合保障される遺留分について請求する権利
を遺留分権といい，この権利が与えられる者を**遺留分権利者**という。

　遺留分権利者となるのは，**配偶者・子・直系尊属**である（1028条）。子の**代襲
相続人**や**胎児**も遺留分権利者になりうる。ここで注意しなければならないの
は，法定相続人の中の「兄弟姉妹」が遺留分権利者に含まれていないことであ
る。これは法定相続人の中でも兄弟姉妹と被相続人とは，独立した生計を持
ち，密接な関係があるとはいえないからだとされる。だから，第1順位の子，
第2順位の直系尊属の順に遺留分権利者となる。配偶者は常に遺留分権利者で
ある。

　この遺留分は，あくまで相続人に与えられる権利であるため，遺留分権利者
であっても相続権がなければ遺留分は保障されない。よって，相続欠格・相続
人の廃除・相続の放棄があれば，遺留分権を失う。ただし，子が相続欠格また
は相続人の廃除により遺留分も失った場合でも，子の代襲相続人は遺留分権利
者として遺留分権を持つことができる。つまり，「親→子→孫」の関係で，親
が死亡した場合，子は相続欠格で遺留分権を失っていても，代襲相続人として
孫が遺留分権を持つことになる。ただし，子が相続を放棄した場合は，孫も代
襲相続することはできないので，注意を要する。

(4)　遺留分率と遺留分の算定

①　遺留分率

　遺留分権利者に保障される遺留分の総額は，被相続人の相続財産の**2分の1**
である。ただし，直系尊属のみが相続人である場合は**3分の1**となる（1028
条）。つまり，相続人が①配偶者のみ，②子のみ，③配偶者と子，④配偶者と
直系尊属の場合，相続財産の2分の1が保障され，⑤直系尊属のみの場合，3

187

分の 1 が保障されることになる。この割合が**遺留分率**である。

　この保障される遺留分の総額に，各自の**法定相続分率**をかけたものが各自の遺留分割合になる（1044条）。同順位の遺留分権利者が複数いる場合は，遺留分割合をその人数分で割ることになる。

　この遺留分の総額が保障されれば，残りの相続財産は，被相続人が自由に処分することができる。

　たとえば，財産「100」・遺留分権利者；配偶者と子ＡＢ

　　配偶者：100× 2 分の 1 〈注 1 〉× 2 分の 1 〈注 2 〉＝25

　　子Ａ　：100× 2 分の 1 〈注 1 〉× 2 分の 1 〈注 2 〉＝25　→ＡＢで均等に
　　　　　　　　　　　　　　　　　　　　　　　　　　　　　　　　　＝12.5

　　子Ｂ　：100× 2 分の 1 〈注 1 〉× 2 分の 1 〈注 2 〉＝25　→ＡＢで均等に
　　　　　　　　　　　　　　　　　　　　　　　　　　　　　　　　　＝12.5

　〈注 1 〉遺留分率　〈注 2 〉法定相続分率

---

②　遺留分の算定

　各遺留分権利者の実際の遺留分の価額，つまり，**遺留分額**を計算するには，遺留分算定の基礎となる財産に遺留分率をかけて計算することになる。この**遺留分算定の基礎財産**は，被相続人が所有する相続開始時の相続財産に，被相続人が生前に贈与した財産を加えて，そこから相続債務を引いたものである。

　遺留分算定の基礎財産＝
　　〔相続開始時の相続財産〕＋〔生前の贈与〕－〔相続債務〕

　この計算式において問題となるのは「**生前の贈与**」である。

　また，どの時点で相続財産や贈与財産を評価するかによっても，その**評価額**は大きく異なる。たとえば，10年前に贈与・ 5 年前に相続開始・現在遺産分割の協議中とすると，土地の評価などはかなり変動する場合がある。そこで，**相続開始時**によって評価することとされている。これは，相続開始時が時間的に

第15章　残された者たちへ：遺留分

明瞭であり，贈与があったことが分かりやすいことなどが理由とされる。

③　被相続人が「生前に贈与」した財産

被相続人が生前に贈与した財産が，遺留分の算定に加えられることになる。被相続人にすれば，自己の財産を自己の自由な意思によって贈与したのであるから，死亡後の遺留分算定の際に問題視されるのは不本意であろう。しかし，そもそも遺留分の性格として，被相続人の自由な処分の制限と残された家族の生活保障などの調整が図られるのであるから，生前の贈与に対する調整は遺留分制度の重要点の１つといえる。

とはいえ，すべての生前の贈与を算定するのは事実上困難な場合もあるため，条件を付けることにより被相続人の処分の制限に配慮している。

ⅰ　**相続開始前の１年間の贈与**　　相続開始前の１年間にした贈与は，遺留分算定の基礎財産に算入させる（1030条）。贈与の理由は問わない。また，贈与契約をこの１年間にすることが基準となるので，数年前に贈与契約をして，この１年の間に贈与の対象物を相手に渡したという場合は含まれない。

ⅱ　**遺留分権利者に損害を与える贈与**　　当事者双方，つまり，被相続人と贈与を受ける者（受贈者）が，遺留分権利者に損害を与えることを知って贈与をしたときは，相続開始１年以上前の贈与であっても，遺留分算定の基礎財産に算入させる（1030条後段）。「損害を与えることを知って」というのは，贈与によって，遺留分権利者に損害を与えるという認識があれば良く，強く損害を与えようとする害意がなくても，ここでいう損害を与える贈与となる。

ただ，贈与当時は損害を与えると認識していても，その後，財産を増加させるつもりだから問題はないと思っていた場合，損害を与える意思とはいえないので，将来的にも遺留分権利者に損害を与え続けると予見している必要があるとされている（大判昭和11・6・17民集15・1246）。

ⅲ　**特別受益**　　まず，特別受益とは，相続人が，婚姻・養子縁組のため，もしくは生計の資本として受けた贈与（903条，第12章 4 (4)参照）であるが，相続人の一部が特別受益を受け取ると実質的に相続財産の前渡しを受けることになる。そうすると，相続人間で不公平が生じることになるので，特別受益は遺留分算定の基礎財産に算入して計算するのである（1044条）。

189

相続開始の1年以上前であろうと、また、遺留分権利者に損害を与える認識がなかったとしても、すべての特別受益が算入される。

　⑩　**不相当な対価による有償行為**　　たとえば、100万円の相続財産を100万円で売れば、100万円の現金に変わるだけで、相続財産の価値は変わらない。しかし、1万円で売った場合は大きく相続財産を減らすことになり、実質的に対価（1万円）を差し引いた差額（100万−1万＝99万円）を贈与した場合と変わらないことになる。

　このような不相当な対価による売買行為（有償行為）を、当事者双方が遺留分権利者に損害を与えることを知ってした場合、その不相当な対価を差し引いた差額を贈与とみなして遺留分算定の基礎財産に算入させる（1039条）。

　売買契約などであるにもかかわらず、実質的に贈与とみなすところに、現実的な遺留分の重要性がみてとれるのである。

(5)　遺留分の放棄

　遺留分権利者は、家庭裁判所の許可を受けた場合に限り、相続開始前に遺留分を放棄することができる（1043条）。相続放棄が相続開始前に許されていない（第13章3(4)参照）ので、相続開始前に遺留分の放棄を認めることには批判が多い。なぜなら、他の相続人からの圧力により、遺留分が放棄される場合があるからである。そのために家庭裁判所の許可が必要であり、形式的な判断だけでなく、実質的な判断により放棄を認めるかどうかが決定される。

　ただ、遺留分を放棄した遺留分権利者は、相続を放棄した訳ではないので、相続人の地位は失っていない。また、遺留分の放棄をしても、他の遺留分権利者の遺留分が増加する訳ではなく（1043条2項）、被相続人の処分できる自由分が多くなるだけである。

2　遺留分減殺請求権とは

(1)　遺留分減殺請求権の行使

　たとえば、遺留分権利者の遺留分を侵害する相続財産の処分（贈与や遺贈）

がされた場合，その処分自体を無効とするのではなく，遺留分権利者が自己の遺留分を守るために必要な限度内で，処分に対する**減殺の請求**をする。つまり，遺留分を侵害している贈与などに対して，その贈与などの減少・縮小を求めて，自己の遺留分が十分に満たされるまで財産を取り戻すのである（1031条）。これを**遺留分減殺請求権**という。

　遺留分減殺請求権は，減殺請求の意思表示さえすれば，法律上，減殺の効力が発生するとされ，たとえば，受贈者が贈与により受けた権利は，遺留分を侵害している限度で，その効力を失い，遺留分権利者に帰属することになる。

☆コメント 「遺留分減殺請求権」の法的性質

　「遺留分減殺請求権」の法的性質は2つの説が対立している。

　①　減殺の意思表示により侵害の限度で贈与などの効力は失われ，その結果，贈与財産が返還されるという説（**形成権説**）。

　②　贈与などの効力を失わせる必要はなく，単に物の返還を求める請求権であるとする説（**請求権説**）。

　考え方として，相続人は，被相続人の権利義務を承継するから，被相続人がした贈与などの行為も承継することになる。だから，贈与などの効力自体が失われることにしておかないと，結局，相続人が贈与することになってしまい，遺留分を守ることができなくなるのである。よって，判例や学説は①形成権説を採るものが多い。

(2)　当事者と行使期間

　遺留分権利者は，遺留分減殺請求権を行使できるので，**減殺請求権者**となりうる。また，その承継者（相続人など）も減殺請求者となりうる（1031条）。一方，減殺の相手方としては，①相続開始前の1年間の受贈者，②遺留分権利者に損害を与えることを知ってした受贈者，③特別受益の受贈者，④受遺者とこれらの承継人が考えられる。また，相続分の指定により遺留分が侵害される場合，遺留分を侵害している共同相続人も相手方と考えて良いだろう。

　遺留分減殺請求権は，遺留分権利者が，相続の開始および減殺すべき贈与または遺贈があったことを知った時から1年間行使しないときは時効によって消滅する。また，相続開始時から10年経過したときも消滅する（1042条）。つまり，**1年の時効と10年の除斥期間**とされている。

☆コメント 「除斥期間」

　　一定期間を過ぎると権利の行使ができなくなる制度である。時効の場合は条件により，その期間が中断する場合があり，また，一定期間が過ぎたこと，つまり，時効が成立したことを主張（時効の援用）しなければならないが，「除斥期間」は，期間の中断がなく，また，援用も必要ないとされている。

(3)　遺留分侵害額の算定

　遺留分減殺請求権は，遺留分の算定を行い，遺留分が侵害されていれば，その必要な限度内において，受贈者などの相手方に減殺を請求することになる。

たとえば，相続財産「400」；生前贈与「500」；相続債務「100」
　　　　　相続人：子ＡＢ・第三者の受贈者Ｃ（相続半年前に贈与）
　遺留分算定の基礎財産　＝　400＋500－100＝800
　Ａ・Ｂの遺留分額　　　＝　800×2分の1＝400　→　ＡＢで均等に＝200
　Ａ・Ｂの相続額　　　　＝　（400－100）×2分の1＝150
　Ａ・Ｂの遺留分侵害額　＝　200－150＝50
　Ａ・Ｂそれぞれが，50の遺留分侵害を受けているため，受贈者Ｃに50の減殺請求ができる。

---

(4)　遺留分減殺の順序

　減殺請求できる贈与や遺贈が複数ある場合，減殺を請求される側にとっては思わぬ影響を受ける場合がある。とくに生前に贈与を受けた受贈者においては予想できない被相続人の死亡により請求がされるので，第三者にも影響がおよぶ場合や，すでに贈与されたお金を失っている場合もある。

　そこで，相続開始時を基準に考え，まず，①遺贈から減殺され，それでも不足する場合には，②贈与から減殺される（1033条）。死因贈与については明確ではないが，遺贈の後，贈与の前に減殺されるというのが有力とされている。

　遺贈が複数ある場合は，その遺贈額の割合に応じて減殺されるが，被相続人が遺言で何らかの意思を表示している場合は，その意思に従う（1034条）。

　贈与が複数ある場合は，贈与契約の後のものから減殺され，順次，前の贈与

に対して減殺していく（1035条）。つまり，相続開始時に近い贈与から減殺されるのであり，これは，受贈者およびその取引相手などを保護するためである。

(5) 遺留分減殺の効力

① 果実取得権

たとえば，土地家屋を贈与された受贈者が，家賃収入を得ていたところ，遺留分減殺請求により，その土地家屋を減殺され，返還したとする。そうすると，この家賃収入の権利（**果実取得権**）も，相続開始時から遺留分権利者の権利となるため，相続開始時からの収入額も返還しなければならない。しかし，相続開始は受贈者の予想できるものではなく，思わぬ不利益となりかねないので，減殺の請求があった日以後の家賃収入額（果実）を返還すれば良いとされている（1036条）。

> ☆コメント 「果実」
> たとえば，りんごの木とりんごのように，物から発生する物をそれぞれ元物と「果実」という。りんごの場合や乳牛と牛乳の場合などを元物と「天然果実」といい，家屋と家賃のような物の使用と対価の場合などを元物と「法定果実」という。

② 価額弁済

そもそも，遺留分は，相続財産の内の一定割合から算出されるものであり，相続財産そのもの，たとえば，家や土地の**現物**そのものではなく，その現物の持つ価値を評価し算出するものである。そこで，遺留分減殺請求がされる場合，受贈者および受遺者は現物を返還せずに，その現物の価額を弁済することにより，現物の返還義務を免れることができる（1041条）。これを**価額弁済**という。

現実に，被相続人が，ある者に現物を贈与したという事実があるのだから，その被相続人の意思は尊重されるべきであり，また，受贈者にとっても，理由があって贈与されたのであろうから，現物を受贈者の手元に置いておくという配慮は必要といえる。

価額弁済の現物の価額評価は，現実に弁済がなされる時点であるとされる。

③ 負担付贈与

何らかの条件（負担）を付けて贈与した場合も，減殺請求の対象となる。し

かし，負担部分だけが受贈者に残るのはおかしいので，贈与額から負担の価額を差し引いた残りの価額に対して減殺の請求ができる（1038条）。

④　受贈者が無資力の場合

　減殺請求の相手である受贈者が，無資力となってしまっている場合，実質的に減殺を請求しても，遺留分を取り戻すことはできない。この場合，遺留分権利者にとっては損失となるが，その損失は遺留分権利者自身が負担することになる（1037条）。

(6)　遺留分の濫用

　遺留分の制度は，被相続人の遺言の自由と遺留分権利者の生活保障などを調整する制度であるが，この制度の濫用が問題となる場合がある。

☆例　示

　老親と養子ＡＢの家族で，養子Ａは老親を介護し，財産の維持に貢献してきたが，養子Ｂは老親の世話をすることもなく，連絡も取れない状態である。その後，老親が死亡して相続が起こると，養子Ｂは自己の遺留分を主張して遺留分減殺請求権を行使した。

　この養子Ｂの請求は認められるか。

（この例示の元は，名古屋地判昭和51・11・30判タ352・293）

　この例示の元となった判決では，裁判所は，権利の濫用として遺留分の請求を認めなかった。親と子としての交流や信頼関係がない状態であり，親子関係が破綻しているといえる場合は，たしかに遺留分減殺請求を認めることが相続人間での不公平感を生むと考えられる。しかし，親子関係などは非合理的で感情に左右されることも多いので，どういった基準で「権利の濫用」と認められるかを明確にすることは難しいといえる。

　[先述したが，「平成30年民法等改正案」は，40年ぶりの相続法大改正と呼ばれており，新たな条文の創設から移動，追加，削除が行われた。この章で取り上げた遺留分も，「第八章1028条から1044条」であったが，「第九章1042条から1049条」に移動され，また，「減殺請求権」を「遺留分侵害額請求権」に改めるなど大きな改正が行われた。

第15章　残された者たちへ：遺留分

たとえば，「遺留分侵害額の請求」として，遺留分権利者およびその承継人は，（遺留分を侵害する遺贈を受けた）受遺者または（遺留分を侵害する贈与を受けた）受贈者に対し，遺留分侵害額に相当する金銭の支払いを請求することができる（1046条）。

これは，「価額弁済（第15章2⑸②）」と同じ内容と勘違いしやすい。

「価額弁済」は，あくまで受遺者または受贈者が，遺贈・贈与された現物の返還を免れるために，その現物の価額を弁済するものである。一方，新たに設けられた「遺留分侵害額の請求」は，遺留分権利者およびその承継人が，遺留分侵害額に相当する「金銭」を請求できるものである。結果として，「金銭」で解決するのは同じだが，遺留分権利者側が現物の返還ではなく，金銭での請求ができるようになったため大きな変更といえる。]

☆ちょっと考えてみよう　相続の問題点

相続法の締めくくりとして，相続における最重要論点の1つであった「非嫡出子の相続分」について考えてみてほしい。

かつては900条4号ただし書において，「嫡出でない子の相続分は，嫡出である子の相続分の二分の一」とすると規定されていた。つまり，法律上の婚姻をした夫婦の子である嫡出子と，法律上の婚姻をしていない男女の間に生まれた子である非嫡出子とを，相続において別扱いしていた。

平成25（2013）年9月4日最高裁判所はこの規定を違憲と判断したため，この内容は削除された。その結果，嫡出子と非嫡出子の相続分は同等になった。「合憲」と「違憲」との意見の対立に終止符が打たれたが，この規定が存在していた理由を考えることは家族法を理解するために重要であると考えられる。ちょっと考えてみてほしい。

「違憲」説は，一般感情的に理解しやすく支持しやすいといえる。というのも，子が非嫡出子となったのは，子自身の責任ではなく，親の責任であるので，相続分を2分の1にされる理由がない。また，平等の観点からいっても，子は子なのであるから，嫡出子と非嫡出子を別扱いする必要はない。たとえ，法律婚主義を採っていても，婚姻していない男女にも子は生まれるのであるから，相続分を別扱いしても意味がない。また，角度の違う理由として，親のライフスタイルの自由な選択に対する差別だという意見もある。こうしてみると，「違憲」説は実に明快といえる。

そこで，あえて，「合憲」という角度での意見を少しあげてみる。反対の意見をみることで，いろいろな考え方にふれてほしい。

まず，わが国では法律婚主義を採っている。これは，社会的基盤である夫婦・家族・親子の元になるものであるから尊重されるべきである。法的に認められた婚姻をすることによって，法的に認められた効果が得られるのであるから，相続においても，嫡出子と非嫡出子とに差異が生じるのは，ある意味，当然といえる。すると，半分だから差別という見方でなく，非嫡出子の保護のために一定の法定相続分

を確保していたという見方をすることができるのである。

　次に，親の責任であるから，非嫡出子には責任がないといわれるが，これは，嫡出子にもいえることである。法治国家において，法律上の夫婦の子として育ってきた嫡出子にすれば，相続の際に非嫡出子に相続分が認められるのは厳しい現実である。嫡出子に責任はないにもかかわらず，実質的に相続分が減少するという事実によって，嫡出子が金銭などの相続財産の面で負担するという結果になっている。そもそも，親の行為により，嫡出子・非嫡出子という事実が発生しているところ，親の死亡した後である相続分によって，非嫡出子の保護を図るのであるから，親がすべき保護を嫡出子が負担しているところに問題はないのであろうか。また，夫，妻，子Ａの家族で，夫に非嫡出子Ｂがいる場合，夫が死亡すれば妻とＡＢが平等に相続することになる。夫よりも妻が先に死亡した場合，夫とＡが相続するが，その後，夫が死亡すれば，妻の財産を相続した夫の財産をＡＢが平等に相続することになる。もはや「夫の財産」となった妻の財産について，問題視すべきではないが，妻としては自分が苦労して築いた財産が自分の子ＡとＢに平等に引き継がれることに疑問を感じることは許されないのであろうか。

　「違憲」説も「合憲」説も，意見や理由はもっと多岐にわたっていたが，それぞれの立場から考えてみれば，つまり，非嫡出子の立場，嫡出子の立場，非嫡出子・嫡出子の親（被相続人）の立場，配偶者の立場，生存している非嫡出子の親の立場などから考えてみれば，この規定が存在し，削除された意義が理解できるだろう。

　この「非嫡出子の相続分」の問題は，実に家族法的な問題といえる。法律という厳格な規則と，一般生活をする中での事実が先行する現実，普通に人が持つ感情，恋愛感情，親子の感情，合理性・非合理性，法を守ること，法の必要性，法律では決められないこと，法の限界などいろいろな要素が絡み合っているように感じる。

　だからこそ，「こういう理由で違憲」または「こういう理由で合憲」と自分の意見を導き出すことができれば，それは十分にすばらしいことだといえる。

☆じっくり考えてみよう　「家族法」を学んで

　以上で，本書の内容は終了であるが，どのような感想が浮かぶだろうか。「法律」という割には，「家族法」は身近な事柄が対象となるので，思ったよりも気楽に読み進むことができたのではないだろうか。

　最後に，これからの「家族法」について，じっくり考えてほしい。夫婦や親子の，より良い関係を築いていくために，「家族法」は，どのような貢献ができるだろうか。他にもいろいろと自分が気になる内容があると思うので，これから自分に密接に関係してくる「家族法」について，じっくりと考えてみてほしい。

■著者紹介

川村　隆子（かわむら　たかこ）

兵庫県生まれ
近畿大学大学院法学研究所博士後期課程単位習得満期退学
三重中京大学現代法経学部現代法経学科専任講師，准教授を経て
名古屋学院大学経済学部総合政策学科准教授，改組により
現在，名古屋学院大学現代社会学部現代社会学科准教授

主な著書

『身近な家族法』単著（法律文化社，2010年）／『民法を知る 2（債権・家族）』共著（八千代出版，2015年）／『ワンステップ法学』共著（嵯峨野書院，2015年）

読者へのメッセージ

　この教科書は，学生さんからの質問や要望をできるだけ多く反映させ，一人で読める，一人で学べる教科書を目指しました。細かいことに囚われず通読していただければ，法律の中で最も身近に存在する家族法の「道しるべ」となると思います。

Horitsu Bunka Sha

家族法の道案内

2018年9月10日　初版第1刷発行

著　者　　川　村　隆　子
発行者　　田　靡　純　子
発行所　　株式会社 法律文化社

〒603-8053
京都市北区上賀茂岩ヶ垣内町71
電話 075(791)7131　FAX 075(721)8400
http://www.hou-bun.com/

＊乱丁など不良本がありましたら，ご連絡ください。
　送料小社負担にてお取り替えいたします。

印刷：中村印刷㈱／製本：㈱吉田三誠堂製本所
装幀：谷本天志
ISBN978-4-589-03948-4
Ⓒ2018　Takako Kawamura Printed in Japan

JCOPY　〈(社)出版者著作権管理機構 委託出版物〉

本書の無断複写は著作権法上での例外を除き禁じられています。複写される場合は，そのつど事前に，(社)出版者著作権管理機構（電話 03-3513-6969，FAX 03-3513-6979, e-mail: info@jcopy.or.jp）の許諾を得てください。

二宮周平編

面会交流支援の方法と課題
—別居・離婚後の親子へのサポートを目指して—

A 5 判・242頁・3200円

家裁実務の最新動向を踏まえつつ面会交流の意義を論じ，厚労省FPIC事業や民間支援団体の活動経験を交流したフォーラムを紹介。さらに当事者目線に立ち，支援する側がいかなる視点で活動に取り組むべきかを提起する。

潮見佳男・中田邦博・松岡久和編
〔〈18歳から〉シリーズ〕

18歳からはじめる民法〔第3版〕

B 5 判・106頁・2200円

18歳の大学生（とその家族，友人たち）が日常生活において経験しうるトラブルを題材に，該当する法律関係・制度をわかりやすく解説。第2版刊行（2014年）以降の法改正，判例に対応した改訂版。

α 新プリメール民法　全5巻

はじめて民法を学ぶ人のために，読みやすさ・わかりやすさを追求した好評シリーズ。

中田邦博・後藤元伸・鹿野菜穂子 著

新プリメール民法 1　民法入門・総則　A 5 判・348頁・2800円

今村与一・張 洋介・鄭 芙蓉・中谷 崇・髙橋智也 著

新プリメール民法 2　物権・担保物権法　A 5 判・300頁・2700円

松岡久和・山田 希・田中 洋・福田健太郎・多治川卓朗 著

新プリメール民法 3　債権総論　A 5 判・286頁・2700円

青野博之・谷本圭子・久保宏之・下村正明 著

新プリメール民法 4　債権各論　A 5 判・258頁・2600円

床谷文雄・神谷 遊・稲垣朋子・且井佑佳・幡野弘樹 著

新プリメール民法 5　家族法　A 5 判・256頁・2500円

―――――法律文化社―――――

表示価格は本体（税別）価格です